趣 吧 博物

80件
最有意思的
中国玉器

于卓思　主编

文物出版社

总体策划 张自成
封面设计 谭德毅
责任印制 张道奇
责任编辑 许海意

图书在版编目（CIP）数据

80件最有意思的中国玉器 / 于卓思主编. –北京：
文物出版社, 2014.5

（趣吧·博物）

ISBN 978–7–5010–3976–0

Ⅰ.①8⋯ Ⅱ.①于⋯ Ⅲ.①玉器—介绍—中国
Ⅳ.①K876.8

中国版本图书馆CIP数据核字(2014)第042317号

趣吧·博物丛书

80件最有意思的中国玉器

于卓思　主编

文物出版社出版发行
（北京市东直门北小街2号楼）
http://www.wenwu.com
web@wenwu.com
北京兴湘印务有限公司印刷
新华书店经销
787×1092　1/16　15印张
2014年5月第1版　2014年5月第1次印刷
ISBN 978–7–5010–3976–0　定价：36.00元

目录

目录

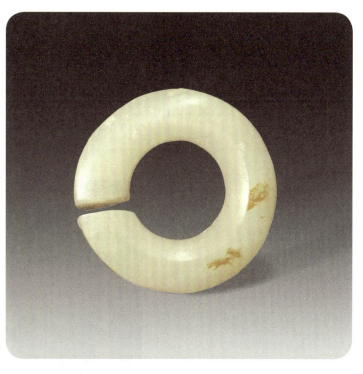

兴隆洼文化玉玦

　　新石器时代兴隆洼文化玉器。直径
2.8~2.9、孔径1.3~1.4、厚0.4~0.6厘米。
1992年内蒙古自治区敖汉旗兴隆洼聚落遗址
出土。中国社会科学院考古研究所藏。

 意趣 点 击

　　玉玦（jué），是兴隆洼文化最典型的玉器之一。此玉
玦青黄色，环状，有一道窄缺口，通体抛光，外缘较厚，内
缘磨薄，略起脊，一面有两小块红沁。

　　两件玉玦分别出自墓主人的左右耳部，其中1件压在墓
主人头骨左侧下面。玉玦常成对出在墓主人的双耳附近，
应是墓主人生前佩戴的耳饰。一类呈圆环状或璧状，另一

类呈短管状，均有一道窄缺口。从玉玦的玦口中，可以确认兴隆洼文化已经使用砂绳技术来切割玉器。兴隆洼玉玦工艺技术的探索，是世界玉器科学史上一个重要的课题。

深度结识

玉玦是怎样佩戴在耳朵上的呢？香港学者邓聪先生2004年12月到海南乐东黎族保定村调查时发现，一位中老年妇女的耳垂上就戴着玦饰，而且玦的缺口是向下的。据这位妇女说：她五岁时就穿耳孔了，耳垂最长能达到十多厘米。还见到一位80多岁的老妇人，她的耳垂，三次都是因为玦饰过重而断裂，以致使耳垂分叉成好几股，令人感到叹为观止！

那我们的祖先又是如何佩戴耳饰玉玦的呢！新石器时期兴隆洼文化遗址117号墓出土一对玉玦。出土时，考古工作者发现这对玉玦在墓主人的头骨两侧。据出土报告称："墓主左、右头骨两侧有环状玉玦一对，其中一件压在头骨左侧下面，缺口均朝上。"但是当我们观察117号墓出土照片时却发现，左侧玦的缺口无疑是向下的，这是怎么回事呢？让我们再看看其他墓葬，135号墓葬的墓主人头骨两侧也出土了一对玉玦，右侧玉玦的缺口也是向下的。

那么，根据考古实例和现代人玦饰佩戴习俗，我们是否可以认定穿戴中的玦饰的开口就是向下的呢？玉玦只有这样佩戴，才不容易脱落。但有意思的是，在兴隆洼遗址中，也有墓主头骨两侧玉玦的缺口是向上的。这从常理上讲是不可思议的，民族学考证也从没有这种实例。有专家推测，缺口向上，可能是佩戴的玉玦埋葬后发生了移动，或者是送葬者直接将玉玦摆放在死者头部两侧也未可知。

总之，从考古发掘情况来看，我们大致可以认为，兴隆洼文化时期，就有玉可通灵的观念，佩戴玉玦的人可能是部族首领，同时又是"以玉事神"的巫觋（xì），只有他们才能佩戴玉玦与神灵沟通。因此，玉玦就成为了巫觋的专用耳饰。前面两墓墓主均有一对玉玦出土，可说明他们生前身份地位尊贵。也可能就是巫觋死后将玉玦殉葬。可以想象一下，8000多年前，中国东北一隅，我们的祖先带着如此王道的大耳环，拉着长长的大耳垂，这样独特、这样霸气的耳饰，谁人能比！

玉玦是除了耳部装饰功能外，是否还有其他的功能？在兴隆洼遗址4号墓中发现一块玉玦竟被嵌入墓主人右眼眶内。墓主人是未成年的女童，头骨立置，周围散落很多石管。另有一玉玦出自填土，缺口处有明显的磨损痕迹。由此，有专家认为这对玉玦应为墓主人生前遗物，可能是右眼有疾，死后便将其中一件玉玦嵌入眼眶内，起到以玉示目的独特作用。可见，玉玦的使用功能可能具有多重性，中间也会发生变化，具体情形如何这些还有待于学者们的进一步研究。

知 识 链 接

兴隆洼文化发现于20世纪80年代初期，因内蒙古敖汉旗兴隆洼遗址的发掘而得名。已发掘的同类文化性质的遗址还有内蒙古林西县白音长汗、克什克腾旗南台子、辽宁阜新县查海遗址等，正式发掘出土玉器的总数已达100余件。经碳十四测定，兴隆洼文化的年代为距今8200～7400年。由此可以认定，兴隆洼文化玉器是迄今所知中国年代最早的玉器，开创了中国史前用玉之先河。

问 题 互 动

玉玦是怎么使用的？

（撰稿：张丽明）

玉龙之源——

红山文化玉龙

红山文化玉龙

新石器时代红山文化玉器。高26、通宽21厘米。1971年内蒙古翁牛特旗三星他拉（现名为赛沁塔拉）村采集。中国国家博物馆藏。

意趣 点击

这件大型卷体玉龙是辽河流域史前文化最具代表性的玉器之一。此玉龙玉质墨绿色，有浅黄色沁。系以整块料圆雕而成，加工精致，形神兼备。龙背上钻有一个圆孔，以绳系孔悬挂时龙的头尾恰好处于同一水平线上。龙体细长无足似蛇，龙头既似马又似猪，还有浓密飞立的马鬃，张扬着腾跃飞舞的飘逸之感。它通体圆润不重雕琢，以灵动的身姿、光滑的质感、匠心独具的设计、质朴的内涵，给予后人无限遐思。

　　龙是中华民族的象征，是几千年来人们崇拜的神灵偶像。1971年在三星他拉红山文化遗址采集的玉龙，是我国目前发现最早的玉质龙的实物资料。

深度 结 识

　　目前，大多数学者认为龙的造型是以蛇为原型的。但面对这件玉龙和接下来要介绍的玉猪龙龙体所呈现出的"C"字形，有学者认为，那卷曲无纹的躯干，并不是成熟的兽类，而是描述哺乳类动物胚胎期的样子。俄国学者C.B.阿尔金曾撰文讨论，红山文化玉猪龙与商代兽形玦的造型，究竟取材于自然界中哪一种昆虫的幼虫？他认为包括日本、朝鲜、古代中国人、突厥人、芬兰—乌戈尔语人，特别是通古斯—满族以及爱奴人，都将昆虫的幼虫与人的精神肉体联系起来。除了这两件玉龙之外，红山文化以蝉或蚕为主题的玉雕也很多，且大都雕作幼虫的样子，有的甚至是两者的合体。这种习俗，或许是通过动物胚胎或幼虫来强调宇宙间生生不息的"元气"——促使生物蜕变或羽化的生命力。

　　红山文化玉器具有高度的神秘性。究其缘由，或是因为红山文化所在地理位置，距离最古老的萨满教中心，贝加尔湖地区不远，保留了浓厚的萨满教的神秘气息。

东汉许慎《说文解字》："玉，石之美者。有五德，润泽以温，仁之方也；理自外，可以知中，义之方也；其声舒扬，专以远闻，智之方也；不挠而折，勇之方也；锐廉而不忮，洁之方也。"他认为玉有五种德性：色泽温润；表里一致；敲起来声音清脆悦耳又能传到远方；很坚韧，会被折断但不被折弯；"可以磨得棱角方正，但不会割伤别人"。并且赞美这五种特性，犹如君子"仁"、"义"、"智"、"勇"、"洁"五种美德。以此"五德"去考究，恐怕自然界中很多矿物都可称为"玉"，如绿松石、青金石、玛瑙、水晶、大理石等，都能列入玉的行列。

而现代学术意义上的玉，即所谓的"真玉"，是指自然界两千多种矿物中的闪玉与辉玉。闪玉与辉玉是两种不同的矿物，却有着相似的外表："闪玉"是透闪石、阳起石混合的固溶体，基本上都是钙与镁的矽酸盐，质地细腻，韧性好；而"辉玉"是钠和铝的矽酸盐，是一种高压低温下的变质矿物。

红山文化玉器中的青绿色玉，黄玉甚至是白玉，究竟出自何处，说法不一。过去曾认为红山玉器的玉质大部分为蛇纹石，但中国地质科学院闻广研究员等人测定后认为红山文化玉器大部分为闪石，即是"真玉"，只有个别是蛇纹石。

问 题 互 动

古人认为玉有哪五德？

（撰稿：张丽明）

红山文化玉猪龙

新石器时代红山文化玉器。高15、最宽10.2、厚3.8厘米。辽宁省建平县采集。辽宁省博物馆藏。

意趣 点击

　　此兽形玦的玉质呈青色，有红褐斑点。造型呈"C"形，头部较大，两只近三角形的大耳竖立于头顶，两眼相对圆睁，嘴前伸，口微张，鼻间有阴刻皱纹，极富猪的特征。因此现在大家普遍称其为"玉猪龙"。龙体蜷曲无足像蛇身，首尾相接处缺而不断，背部对穿一个供系挂的小孔。

　　兽形玦以往多有发现，以前常被认为是商周时代的玉器，直到1984年在建平牛梁河第二地点1号冢4号墓中发现后，才被确认为红山文化的典型器物。这件虽是采集品，但在已发现的二十余件兽形玦中形体最大，制作最精，保存最好，国内外知名度最高。通体浑厚圆润，线条匀称流畅，具有鲜明的文化属性，对探讨红山文化先民神灵崇拜，有着特别重要的历史、艺术价值。

深度 结识

在远古观念中，猪为"水兽"，是祈天、求雨等祭祀活动中的常客，部分学者认为中华民族图腾"龙"起源于猪，存在一个由猪向龙的演变过程。在原始人的想象中，至高无上的龙也能够像猪那样给他们带来财富和兴旺，把龙头描绘成猪头，象征了农业丰收、风调雨顺、财富增多和氏族的兴旺。玉猪龙是红山文化的代表性玉器。

玉猪龙的头似猪，而身体似蛇或通常所说的龙，不是现实世界生存的动物，应是集合了现实中的猪、蛇等多种动物的特征并经过抽象变形而产生的一种造型，也许是萨满在迷幻状态下的助神灵物。玉猪龙躯体的背部有一小孔，可以穿绳系挂，出土时正位于死者胸部，有学者认为其不仅为佩饰，很有可能是代表某种等级和权力的祭祀礼器，象征着主人的某种权利。而这样的墓主人很可能是部落的酋长兼巫觋（xí），他们执行着沟通天地、沟通人与神之间关系的职能，而玉猪龙可能是佩挂于萨满的颈上或缀于神服上的，其功能应是在萨满行神事时佩带，以协助其与神沟通。

另外，还有些学者认为玉猪龙被摆放在死者胸前这一比较重要的位置，其真正的用意是将代表生命"起点"的"玉猪龙"和逝去的躯体放在一起，所表现的是"生命的轮回"，也就是说这样做是为了祝愿死者能够尽快转化为生命的"起点"，得到重生。

知 识 链 接

　　"萨满"是美洲印第安语的音译，意指巫师。萨满教是一种以巫术为主要形式的原始宗教形态，远在旧石器时代就普遍存在于东北亚的广大地区，直至近代在我国的一些少数民族中仍保留着萨满教信仰或萨满教遗迹，甚至还举行萨满族祭活动。

　　中国古代的巫教也是萨满教的一支。在红山文化遗物中，发现有不少具有巫术意义的艺术品。如牛河梁遗址第十六地点4号墓出土的玉人，墓主人头部放置玉鸟（或曰凤鸟），胸腹部有马蹄形器和罕见的玉人等。发掘者认为，死者很有可能是当时社会中一位高级巫者。更有学者认为："牛河梁出土的红山文化抚胸玉立人在头顶及脑后钻有三联孔，因此，它应该就是萨满行事时必备的神偶。这个神偶其实是当地历史上一位德高望重的最有法力的萨满形象。其双目微闭，双手抚胸的姿态，正是萨满行神事时的最高境界。"萨满奉"万物有灵"为基本教义，行神事主要依靠昏迷术，其状态与牛梁河十六地点4号墓出土的玉巫形象极为相似。这也为史前"以玉通神"说提供了有力的证据。

问 题 互 动

猪在远古有什么寓意？

（撰稿：张丽明）

镂雕之美——石家河文化龙形佩

石家河文化龙形佩

新石器时代石家河文化玉器。长9.1、宽5.1、厚0.2厘米。湖南省澧县孙家岗14号墓出土。湖南省文物考古研究所藏。

意趣 点 击

　　此龙形玉佩玉质灰白色。器呈扁平状，纹饰以透雕技法制出。龙体蟠曲，头顶着高耸华丽的角状装饰。器表的一面未透雕部分仍然保留有加工前勾画图形的浅褐色线条，至今仍很清晰。整器龙头顶部的装饰无论从尺寸比例还是镂雕工艺均远远超过龙体本身，具有强烈的抽象性，因此有着明显的装饰功能。

　　石家河文化铜石并用，距今约4600～4000年。因发现于湖北省天门市石河镇而得名。此地有一个规模很大的遗址群，多达50余处。该文化已经发现有铜块、玉器和祭祀遗迹、类似于文字的刻划符号和城址，表明它已经进入文明时代。

考古资料显示，石家河晚期的瓮棺葬，出土玉器最具特色，品类有人头像、虎头像、蝉、盘龙、飞鹰、璜、坠、珠、笄、管、柄形器和牌形饰等，还有小型生产工具如纺轮和刀等。其中数量最多的是蝉，其次为管、珠、虎头像和人头像。玉器均较小，一般保存较好，只有个别受沁严重。另外，出土玉器中有一部分是半成品和边角废料，因此推测这些玉器应该是在本地制作加工的、具有一定象征意义的精神文化产品。

其中关于人面及动物形象的使用以及功能问题，有专家推测，绝大多数可能是装饰在冠冕或法衣上的，当然也不排除有的人面像可以直接悬挂或佩戴。不过，无论是人面还是动物，它们均不是一般意义的写实作品，而属于受人尊敬祭拜的神灵的行列。在我国东北地区的萨满教中，当巫师做法时，便穿戴起缀有鸟兽等形象饰物的法冠和法衣，以便借助它们沟通天地和神、人之间的关系。石家河人佩戴玉器的目的，主要也是希望沟通神与人的关系，企盼随时随地都能得到神灵的庇护。

知识 链接

玉是非常坚韧的矿物，寻常金属工具也难以镌刻。自古以来，雕玉的基本原则并没有太大的变化，都是寻找硬度比玉还要高的矿物，如石英、石榴石、刚玉、金刚石等的石沙，配合各种材质的工具来制作玉器。

在正式开工前，要先将大小不一的石沙、石块，经捣碎、碾磨成细小颗粒后，筛选分类成为不同级别的解玉砂，再根据制作需要选择适合的解玉砂，配合各种工具进行切割琢磨。这就如同今天砂纸有五花八门不同的型号，我们可以依照不同工序的需求选择相对应的型号；可想而知，初期粗略打磨和后期细致抛光所需要的解玉砂是不一样的。

今天科技发达，已经可以将解玉砂牢牢固定在工具的表面，再用电力马达带动工具旋转或来回切割，可以极有效率地进行玉器制作。但在古代，尤其是在新石器时代，不但缺乏高硬度的金属工具，也无法将解玉砂粘附在工具上，玉器制作的困难度绝非今日所能想象。

从许多考古发现可以归纳出，先民是用竹、木、蚌、骨等材质所制作的线状、棒状、管状、直条片状、圆形片状工具，即线具、桯（tīng）具、管具、片具、砣具等，利用工具不停地旋转，或来回拉锯，带动湿润的解玉砂，进行切磨、钻孔、镂空与琢纹。在切割琢磨的同时，还需不断地将浸于水中的解玉砂一遍遍地舀淋在玉料上。用自然界的竹木石蚌制作琢玉工具，大家可以想象这样的工具的损耗率有多高，其人力物力成本实在非同小可。

问 题 互 动

解玉砂有什么作用？

（撰稿：张丽明）

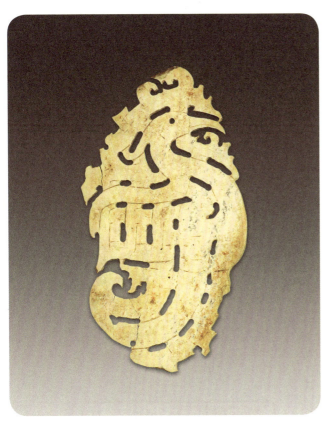

石家河文化凤形佩

新石器时代石家河文化玉器。长12.6、宽6.2、厚0.2厘米。湖南省澧县孙家岗14号墓出土。湖南省文物考古研究所藏。

意趣 点击

　　此凤形玉佩玉质乳白色，表面较光滑，略受沁蚀。器呈扁平状，纹饰以透雕技法制出。凤鸟头顶羽冠，曲颈长喙，喙下有一变形小兽。凤翅舒展，长尾下垂并向后弯卷。凤身装饰阴刻线条。透雕佩饰在新石器时代玉器中发现很少，是当时琢玉工艺达到一个新水平的标志。

　　远古的先民抬头望天，最羡慕飞鸟可以自由翱翔于那高不可攀的天际。因此，他们崇拜飞鸟，相信神玄之鸟就是天帝的使者，受天帝的托付，将神秘的生命力降临到凡间，才繁衍了世间的人群。因此在朴实的先民心目中，玄鸟，既是天帝的使者，又是天帝的化身，也是天使太阳的象征。

生活在不同环境里的人群，崇拜的"玄鸟"的种类不一。广漠的草原，无际的苍穹，成群鹰雕在那里翱翔。东北地区红山文化的居民信奉的就是鹰雕这类猛禽，所以红山文化的玉鸟或长着厚实的弯喙，或作展翼滑翔状。山明水秀的江南多燕子、斑鸠之类的轻盈玄鸟，良渚先民或用美玉雕琢小巧的"鸟立高柱"，或将"鸟—高柱—祭坛"的形象极轻浅地刻在象征天地的璧与琮上，作为与天对话的"密码"。大约在距今四千年前后，石家河文化晚期遗址里，见到了优雅的尖喙长尾玉鸟的出现。这类长尾鸟的造型可能来自孔雀与长尾雉，日后成为中国文化中大家熟悉的"凤鸟"。

深度 结 识

龙是古人对鱼、鳄、蛇、猪、马、牛等动物和云、雷电、虹等自然天象模糊集合而产生的一种神物。爬行动物和哺乳动物是龙的主要集合对象，因此，龙常常被称为"鳞族之长"、"众兽之君"。凤是古人对多种鸟禽和某些游走动物模糊集合而产生的一种神物。长翅膀的鸟禽是凤的主要集合对象，因此，凤便登上了"羽族之长"的宝座，有"百鸟之王"之称。龙有喜水、好飞、通天、善变、灵异、征瑞、兆祸、示威等神性；凤有喜火、向阳、秉德、兆瑞、崇高、尚洁、示美、愉情等神性。神性的互补和对应，使龙和凤走到了一起：一个是众兽之君，一个是百鸟之王；一个变化飞腾而灵异，一个高雅美善而祥瑞；两者之间美好的互助合作关系建立起来，便"龙飞凤舞"、"龙凤呈祥"了。

湖南澧县孙家岗14号墓葬中"龙形玉佩"和"凤形玉

佩"的一并出土，说明在距今4600～4000年的石家河文化中也有龙凤同穴的情况。龙与凤同址出现，且都以相当精致的样式，与身份高贵的墓主人同处一穴，这至少可以说明：其时的龙和凤均为人们所喜爱、所珍重的神奇之物，龙凤崇拜已同步发展到一定的高度，且已形成相互配合、同臻美满的格局。

知 识 链 接

　　汉代刘向著《列仙传》曾载："萧史善吹箫，作凤鸣。秦穆公以女弄玉妻之，作凤楼，教弄玉吹箫，感凤来集，弄玉乘凤、萧史乘龙，夫妇同仙去。"相传，春秋时秦穆公的爱女弄玉，她酷爱音乐，特别喜欢吹箫。一天晚上，她梦见一位英俊青年，特别擅长吹箫，愿同她结为夫妻。穆公按女儿梦中所见，派人寻找，至华山明星崖下，果遇一人，羽冠鹤氅，玉貌丹唇，正在吹箫。此人便是萧史。使者引至宫中，与弄玉成了亲。一天夜晚，两人在月下吹箫，引来了紫凤和赤龙。萧史告诉弄玉，他为上界仙人，与弄玉有殊缘，故以箫声作合。今龙凤来迎，可以乘龙凤升天。于是萧史乘龙，弄玉跨凤，双双腾空而去。秦穆公派人追赶，直至华山中峰，也未见人影，便在明星崖下建祠纪念。这就是萧史乘龙、弄玉吹箫的典故。后来人们为纪念弄玉和萧史的动人故事，就用"龙凤呈祥"来形容夫妻间比翼双飞、恩爱相随、相濡以沫、百年好合的忠贞爱情。

问 题 互 动

龙与凤各有什么特性？

（撰稿：张丽明）

神秘玉人——凌家滩文化玉人

凌家滩文化玉人

新石器时代凌家滩文化玉器。高8.1、肩宽2.3、厚0.5厘米。安徽省含山县铜闸镇凌家滩村新石器时代聚落遗址出土。安徽省文物考古研究所藏。

意趣点击

　　此玉人第一次展示出了原始人类完整的形体风采：长方脸、浓眉大眼、双眼皮、蒜头鼻、大耳、大嘴。它的体形和五官表现出蒙古人种所特有的特征：头上戴的圆冠和腰部饰有斜条纹的腰带，表明当时已有了很发达的纺织技术；玉人上唇留有八字胡，说明当时已有了剃须工具；玉人两臂弯曲，五指张开放在胸前，臂上饰满了玉环，这说明此时人们已有了审美观念，知道佩戴首饰来装饰自己了。玉人的出现表明社会崇拜观念发生了转变：由原先对动物和自然的崇拜已转向了对人的崇拜。

深 度 结 识

凌家滩遗址在发掘过程中也发现了很多神秘难解的谜团，其中最让人匪夷所思的是这件玉人：5300年前凌家滩的先民，用直径不超过0.17毫米的钻管在玉人背后钻出直径0.15毫米的管孔芯，比人的头发还细，这是迄今为止发现最早的微型管钻工艺技术。负责凌家滩遗址发掘的安徽省考古研究所张敬国教授认为："管钻工艺虽然在新石器时代已开始流行，但如此细微的管钻及其使用不光是首次发现，就是在现代科技如此发达的今天，我们也只能用激光才能完成。"那么，这个在现代工业技术中才能完成的工艺，在那个年代，凌家滩的先民们是如何创造出这样奇迹的？结合考古发掘中发现的厚大的钳锅片，我们可以大胆地推测，凌家滩在5300年前可能已拥有了金属冶炼技术，否则是无法达到上述钻孔效果的。如果这一推测得到证实的话，那么说明我国早在殷商青铜时代以前，就已出现了冶炼技术和金属工具。这将改写我国冶金技术史和工具制造史，并对整个中国文明发展史的原有结论产生极大冲击，使我们对中国文明史的认识上延几千年。

在凌家滩出土的玉器中，展现出的让现代人惊叹的工艺技术还有很多。凌家滩出土的玉耳和玉勺。前者底部厚0.1厘米、口壁厚0.4厘米；后者厚0.1～0.3厘米，二者不仅轻薄，而且造型匀称美观。虽然不能说其轻薄如纸，但也相去不远。我们知道玉器胎壁的厚薄和琢磨加工有着密切的关联，器壁较薄的玉器需要更多的加工和细致琢磨。专家通过高度显微镜对玉（水晶）耳放大200倍观察，仍观察不到丝毫的毛糙感。专家分析指出："如此高超的抛光技术，在现代都堪称一流。"

知 识 链 接

凌家滩遗址位于安徽省含山县（现已划为马鞍山市）铜闸镇凌家滩自然村，1985年发现，遗址总面积约160万平方米，经专家测定距今约5600～5300年，是长江下游巢湖流域迄今发现面积最大、保存最完整的

80件最有意思的中国玉器
QUBABOWU

新石器时代聚落遗址。1998年，凌家滩遗址被列为全国十大考古新发现之一，2001年成为国务院公布的第五批国保单位。

经过五次考古发掘，专家们推断，远古时期的凌家滩是一座繁华、热闹的城市，养殖业、畜牧业、手工业初步形成规模，既有大型宫殿、神庙等标志性建筑以及布局整齐的房屋、墓地，又有护城壕沟、手工作坊、集市和大批礼器。但这个史前高度文明的地方在距今将近5300年前的时候神奇地消失在这个地球上。这里究竟曾经发生了什么，从而导致这个文明的突然灭亡呢？

我们目前对此依然知之甚少，但时间依然留下了一些痕迹。安徽省考古研究所张敬国教授发现地层有水浸的痕迹，然后把目光转向了这条温顺的裕溪河，难道是史前的洪水毁灭了这个文明？安徽省地质调查院高级工程师许卫博士说："地质学上很多学者对长江中下游地区的土壤作了不同角度的研究，认为距今5000～4800年左右历史上的大洪水时期，洪水把一切掩盖了，造成文化的消失。"张教授的考古发现在另外一个方面也证明了许卫博士的设想，他们曾经在这条河的河床上发现古文化层。

另外，我们发现在凌家滩出土的玉器中有大量的玉斧，这至少可以说明两点：一是凌家滩人是一个强悍的民族，对武器有着炽热的崇拜情结。二是当时凌家滩人战事频繁，连连受到外族入侵。凌家滩文明的消亡原因，到底是洪水，还是战争，至今也还是一个谜。

问 题 互 动

你是怎么看凌家滩玉人身上的微孔的？

（撰稿：张丽明）

意趣点击

此玉笄（jī）由笄首和笄柄两部分组成。首部乳白色，正视呈扁平扇形，对称透雕纹饰，镂空成夔龙形的卷云纹，并嵌绿松石，显得格外艳丽。主题纹饰似为头戴冠状纹饰的神灵形象。柄部用青灰色玉制作，呈圆锥体，琢竹节形纹。这件竹节形玉笄是山东龙山文化迄今最重要的考古发现。

深度结识

此透雕笄首体现了新石器时代极高的琢玉水平。笄首所表现的是头戴"介"字形皇冠的"神"之形象。这种头戴"皇冠"的"神"形象还见于台北故宫博物院所藏

竹节形玉笄

新石器时代龙山文化玉器。通高23、柄长18.5厘米。1989年山东省临朐县西朱封202号墓出土。中国社会科学院考古研究所藏。

的两件玉圭上。其中一件一面为"人面"，另一面为"鸟面"，头上均戴有这种皇冠，与此玉笄首极为相像。另一件玉圭，一面雕鹰鸟神像，另一面雕鸟面神像，其头顶高高竖起的也是羽状"皇冠"。同时，日照两城镇出土的玉圭，正反面琢刻的两个神灵像，其冠与此玉笄首之"皇冠"也很相似。因此，此玉笄首既是一种"神灵"崇拜偶像，同时又是地位和权力的标志。它出于大墓之中，正说明了它不是一般的随葬品，而应与良渚文化的"冠状饰"一样，都是地位和权力的象征物。

关 联 文 物

镂雕神人纹冠状玉器　新石器时代良渚文化玉器。高3、宽6、厚0.3厘米。1986年浙江余杭反山15号墓出土。浙江省文物考古研究所藏。玉料经沁蚀后呈浅黄色，局部有茶褐色斑块。体扁平，上宽下窄，上端中部作尖顶平凸的冠顶形，下端有长方形扁榫，并有三个等距小孔。器两面饰纹相同，皆以镂雕和阴线刻纹法作一头戴羽状冠、方脸、单

圈圆目带眼角、阔嘴露齿、四肢伸张且相互缠绕呈对称状的神人纹。良渚文化冠状器中，有的光素无纹，有的以阴刻线饰繁简各异的神人纹，此器以镂雕法饰长肢神人，极为罕见，对研究当时神人纹的形式和冠状器变化有重要的价值。

知识 链接

　　笄为固定发髻的用具。古代发笄形式繁多，仰韶文化和龙山文化中就出现了陶笄、骨笄、玉笄，说明在这个时期已有束发甚至戴冠的头饰了。到殷商以后，骨笄普遍出现，并且在笄头上镂刻着精美的鸟首形和饕餮等装饰纹样。比如商代武丁的妻子妇好，是位威凤凛凛的女将，对首饰也十分喜爱。在她的墓葬中，竟然发现20多件精美玉笄、400多件雕花骨笄。

　　古代女子15岁前，通常将头发集束在头部的双侧，梳成树丫或兽角状，所以被称为"丫头"。满15岁，成人了，如果已经许嫁，就要梳成人的发髻了，就要使用发笄。古时称女子成年为"及笄"，就是这个意思。古时男女皆蓄发，笄并非女子专用，男子年二十行"冠礼"也会用笄。"冠礼"是男子的成年仪式，在头顶盘结、戴冠，冠的左右两侧预留两个小孔，用笄横穿发髻，加以固定，以免滑坠。男子经"冠礼"，女子经"笄礼"，方可论婚嫁，开始人生的重要转折。

问题 互动

及笄是什么意思？

（撰稿：张丽明）

良渚文化玉琮

新石器时代良渚文化玉器。高7.2、射径8.3～8.6厘米。1982年江苏省武进县寺墩4号墓出土。南京博物院藏。

意趣 点击

此玉琮（cóng）玉质乳白色，带翠绿、赭红斑纹。器呈扁方柱体，外方内圆，中有对钻圆孔，孔壁微弧，琢磨光滑。两端有短矮弧圆的射。外表分四面，每面由竖槽分左右两块，中部由横槽分上下两段。以四角为中线，上端饰繁缛的带冠人面纹，下端饰繁缛的兽面纹，并以细密匀称的云纹、弧线、横竖短条直线组成曲尺形饰带，象征人的上肢和兽的前肢。雕琢规整细密，以浮雕与线刻相结合的手法琢制而成，线刻细如发丝，堪称玉器微雕工艺的杰作。

深度 结识

良渚文化是距今5300～4200年左右，以太湖流域为中心，分布在浙江、江苏、上海等地的新石器时代文化。

通过玉琮在墓葬中出土的位置，认定其中有些琮是戴在腕上的，而且以右手多见，形态较为扁平，孔径一般在7厘米左右，接近镯（zhuó）的样子。那些多节的高筒形琮时代较晚，一般不再适于佩戴。不过多节琮大致表现有上大下小的特点，有专家注意到这一点，认为"良渚文化玉琮上大下小，上大和内圆均象征天，下小和外方均象征地"。但是否也可能因为加宽的手镯，本来就要求上大下小，以适于手臂的上大下小？琮虽然不再适合佩戴，但在制作时依然保留原先作为手镯佩戴的形态特征。还值得注意的是，有研究者统计过大琮的内径，一般都是在6~8厘米左右，这也是它曾作为手腕佩戴物遗留下来的又一形态特征。琮原本的形态当为镯为环，它是由实用饰品演化出来的礼器。

还有专家认为良渚文化琮与镯无关，理由是许多葬钺的男性墓有琮，女性墓却少见。琮的来源到底是什么，看来还需要我们更进一步的研究。

《说文解字》注曰："琮，瑞玉，大八寸，似车釭。"这是对琮的最早定名。根据《周礼》记载，"以苍璧礼天、黄琮礼地"，琮是一种用来祭祀地神的礼器。良渚文化的玉琮，它的形状内圆外方，中间为圆孔。专家们推测，它可能是原始先民"天圆地方"宇宙观的体现，方象征着地，圆象征着天，琮具有方圆，正是象征天地的贯穿。在当时，每当丰收或祭日时，就举行隆重的祭祀典礼，良渚先民就用它来与天地神灵沟通。因此，玉琮是良渚人所用的宗教法器。这件玉琮的制作，技术高超，可称鬼斧神工，是良渚文化玉器的瑰宝。

琮的形制，尤其是多节长琮的形制，让我们很难明了琮的来源。从已经发表的诸多见解看，琮源出环镯的看法占有优势，也较有说服力。有专家根据早期琮的形态特征，认为琮起源于镯。还有专家对良渚玉琮的形制和出土位置作了研究，指出"玉琮的基体是圆筒形，从类型学上看，它们都应来源于玉镯。在良渚文化中，玉镯一路向筒形器发展，另一路向玉琮发展"。

问 题 互 动

玉琮有什么寓意？

（撰稿：张丽明）

权力象征——良渚文化神徽玉钺

在人类远古蛮荒时代，部落与部落之间为了各自的生存和利益，冲突频繁，而石斧这种大型器具，在和平时期是农业生产的主要生产工具，在战争中则成为攻伐杀掠的利器，随着一次又一次战争的洗礼，一种比石斧更为锋利的石质兵器——石钺（yuè），逐渐取代笨重的石斧而成为战争和冲突中的主要武器。到新石器时代晚期，石钺除了有实战的功能以外，同时也演变成为掌握军事权利的象征。

此玉钺玉质青白色，有褐红色斑。平面作扁平梯形刃部略向外撇，钝口。近背部中间为对钻的圆孔，圆孔两侧各有一道向后延伸的捆扎痕迹，刃部两角均有纹饰，且两面相对，上角浅浮雕头戴冠、四肢俱全的神人与兽面复合的图像。下角为浅浮雕神鸟纹，鸟头向外。在钺体上雕刻鸟纹，为所有良渚玉

良渚文化玉钺

新石器时代良渚文化玉器。长17.9、肩宽16.8、厚0.8厘米。
浙江省余杭县反山12号墓出土。浙江省文物考古研究所藏。

钺所仅见。与钺同时出土的还有五钺的冠饰和端饰，它们之间原有木柄连，通长80厘米，置于墓主人左侧。

深度 结 识

根据现有的考古资料，在良渚文化时期的大型墓葬中，一般都葬有丰富的陶器、玉石器等随葬品，玉钺往往放置在比较显著的位置。根据出土情况，大致可以认定钺的柄端握于死者手中，钺身在左肩部。这种现象与文献记载中周王"左杖黄钺，右秉白髦（mào）"相似，可见良渚文化玉钺极有可能是王权、军权、神权合一的象征。良渚文化时期，部落首领既是部落的军事首领，又是部落内部的宗教领袖，集军权、神权于一身，而玉钺则是这些部落首领手中的"权杖"，是一种权力的象征。此时的玉钺，已完全脱离了实用器具的范畴，成为专门的礼器。

关联 文 物

1、玉钺冠饰 良渚文化礼仪用玉。浙江省余杭县瑶山7号墓出土，现藏浙江省考古所。长7.7、宽6.7、厚1.5厘米。鸡骨白玉质。形状不规则。顶端倾斜，作台阶状，器身有两道横向凹槽，将其分成上下两部分，上端阴刻羽状纹，下端阴刻卷云纹。底端中部有长方形凸榫，榫部以横孔穿透，榫中开直状铆槽，榫两侧和各有一不规则的铆孔。根据其出土位置，该器应铆合于钺柄顶部，应为钺的冠饰。

2、玉钺镦　良渚文化礼仪用玉。浙江省余杭县瑶山7号墓出土，现藏浙江省考古所。长7.5、宽3.5厘米。鸡骨白玉质。器呈不规则椭圆形，有横向凹槽，底部呈台阶状，与钺冠饰相吻合。承接器柄的一端有椭圆形榫头，并有横向凹槽，凹槽中有长方形铆孔，以便安装。器身有横向凹槽若干，上阴刻羽状纹和卷云纹，与玉钺冠的纹饰雷同。

知 识 链 接

有学者认为，越国青铜器上常见的"戉"、"钺"字样，应是古代这一族群的标志，即"越"的来源。考古资料显示，石钺、玉钺，在越族文化遗址如杭州古荡、良渚、湖州等史前遗址及墓地均有发现，而在同时期其他地区却少见或不见。因而可以说，钺是越人首先发明使用的，特别是在良渚文化时期，玉钺已演化成了一种权力象征物。根据古人常有"以工命姓"的习俗，故中原人便以越族特有的钺来称呼善于制钺、用钺的越族人为"钺"人了。后又演为"越人"。由此可见，钺在良渚文化部族中，确实扮演着非常重要的角色，并对这一族群文化的发展具有卓越的贡献。

问 题 互 动

玉钺的用途是什么？

（撰稿：张丽明）

玉刀之谜——玉七孔刀

意趣 点击

　　玉刀是由石刀发展而来，早在新石器时代已有发现，夏商西周仍有生产，是古代代表权威和地位的玉仪仗器。夏代玉刀呈扁平长条梯形，无柄，无背，双面刃，两侧多饰对称的扉棱，近背部有平行、等距的多个圆孔，器面或光素，或琢饰阴纹、斜格纹等。这种玉刀，形体宽大，有的长达60多厘米，似非实用，当为礼仪用器。

　　此玉刀的玉料呈墨绿色，局部有黄色沁，刀体扁平而修长，近梯形，玉刀有锋利的刃部，相对的刀背近端整齐而平衡的排列有七个穿孔，故其名为"七孔玉刀"。玉刀两侧雕出对称的扉棱，器表则由纤细而笔直的阴线组成网状的菱形图纹，极具一种秩序和威严之感。制作如此硕大修长而且轻薄的玉刀，其工艺难度颇大，证明夏代玉器工艺已有长足的进步。这种形制的石刀在安徽薛家岗遗址曾大量出土，是新石器时代常见的器形。

七孔刀

夏代文物。长65、宽9.5、厚0.1～0.4厘米。1975年偃师二里头村采集。河南省偃师县文化馆藏。

深度结识

关于此玉刀的用途，也是众说纷纭。有人认为七孔大玉刀虽然具有作战武器的形状，但从其纹饰的精美程度来看，应该脱离了作为战争用器的可能，而作为礼仪权杖的象征的可能性更大。

有的学者根据玉刀局部上有黄色沁，认为是血迹渗进玉里并且经过时间长期的洗礼后，导致变成了现在看到的这种颜色。玉刀为什么会沾上血迹，既然不是用于战争，人们自然会联想到与杀人有关，于是在此基础上认为七孔大玉刀不是作为礼仪权杖的象征，而是作为杀人的刑具。

夏朝执行死刑的具体细节现在就很难得知了。但七孔大玉刀却具备了作为砍头工具这种功能，它的长度为65厘米，如果是作为装饰品，好像稍稍长了点，而且在上面钻了七个小孔，表达的是一种怎样的审美情趣，很难解释清楚；如果是作为行刑的用具，对它的长度和七个小孔都可以解释清楚。用刀杀人，刀的长度肯定要比人的头颅宽度长，另外刀上的七个小孔，可能就是拴绳子用的。在行刑的时候，把玉刀用活动的绳子拉起来，可以起到暂时稳定的作用，把人按在刀下面，然后把玉刀按下去，最后达到正法的目的。这把七孔大玉刀由于年复一年的被当做杀人的刑具，尽管每次行刑结束后都要冲洗、擦拭，但刀上有时还是会残留有血迹，这些血迹慢慢地渗进到玉里，再经过几千年的保存，最后演化为我们现在看到的黄色沁。

知识链接

对夏代的刑法我们现在不能完全地了解清楚，但根据古代文献的记载，可以略知一二。

在夏没有建立之前，大禹认为在他的时代，德行已经开始衰落，已经比不上尧、舜时了，开始制作肉刑。他的儿子启推翻禅让制，继承了父亲的权力并建立了夏朝。

夏刑在大禹作刑的基础上继续加增。夏朝的刑法是相当多的，据郑玄为《周礼·秋官·司刑》作注说："夏刑大辟二百，膑辟三百，宫辟五百，劓、墨各千。"辟通刑，大辟即死刑、膑辟即挖掉脚骨、宫辟即割掉生殖器、劓即割鼻子、墨即刺面涂黑，这是五种刑罚。《汉书·刑法志》："禹承尧舜之后，自以德衰，而制肉刑。"《隋书·经籍志》记载："夏后氏正刑有五，科条三千。"《竹书纪年》说："祖甲二十四年，重作汤刑。"《左传·昭公》载："周有乱政，而作《九刑》。"九刑基本沿袭商朝的五刑制度（墨、劓、剕、宫、大辟共五刑），又增加了赎、鞭、扑、流等四种刑罚，称以上的九种刑罚为西周的九刑。

从夏代开始逐步确立的是一种野蛮的、不人道的、故意损伤受刑人肌体的刑罚。进入封建社会后，奴隶制肉刑开始逐渐被废除，从汉初的文景帝废除肉刑开始，以自由刑为主的封建五刑产生了，分别为笞、杖、徒、流、死，这标志着中国刑罚制度的重大进步。

问题互动

你认为玉孔刀有什么作用？

（撰稿：张丽明）

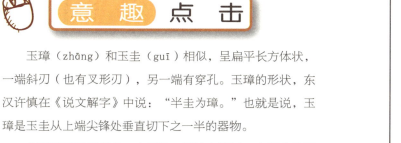

玉璋（zhāng）和玉圭（guī）相似，呈扁平长方体状，一端斜刃（也有叉形刃），另一端有穿孔。玉璋的形状，东汉许慎在《说文解字》中说："半圭为璋。"也就是说，玉璋是玉圭从上端尖锋处垂直切下之一半的器物。

此玉璋玉质墨绿色，含石性，因被火烧过，大部分为黑色。无阑无齿，似戈而无峰，内窄于援。在援内相交部位两面用阴线琢祭山图，在山峦之上，有云气纹及两组人物祭山的场面，两组人物的服饰、冠帽、身姿不同，有的跪姿、有的站立。此器为考古发掘品，极为罕见，对研究古蜀国的宗教、礼仪、人体服饰以及璋的使用都有特殊意义。

根据《周礼·春官·典瑞》："璋邸射以祀山川，以造赠宾客。"《周礼·考工记·玉人》："大璋、中璋九寸，边璋七寸，射四寸，厚寸。"玉璋为天子巡狩的时候祭祀山川的器物，大山川用大璋及有纹饰者，中山川用中璋，纹饰减少些，小山川用边璋，仅用半纹饰的记载，这件不寻常的璋，应是具有祭祀性质。

玉璋

商代晚期玉器。通长54.5、射宽8.8、柄宽6.8厘米。1986年四川省广汉市三星堆遗址出土。四川省文物考古研究所藏。

这种半圭形的璋，虽然起源较早，在陕西龙山文化、商代墓葬中都有出土，但妇好墓内却未现一件玉璋。直至西周时，半圭形的璋才步入周王朝礼制的殿堂，与圭一样成为象征身份的瑞器。1972年陕西岐山出土的西周青铜器卫盉，其铭文反映了贵族矩伯为了觐见周天子，需要献上玉璋，便从裘卫那里用土地换取玉璋的史实。"唯三年三月既生霸壬寅，王禹旗于丰。矩伯庶人取董瑾璋于裘卫，才八十朋，厥贾其田十田；矩或取赤虎两、鹿贲两、贲韦一，才廿朋，其舍田三田。"这则铭文说明了玉璋是觐见周天子时，必须执持或进献的重要瑞玉。一件玉璋的价值在当时为八十朋，需要一千亩土地方能交换。另外，《诗经·大雅·卷阿》中还有形容相貌堂堂的男子为"如圭如璋"。但在西周的礼制中，玉璋主要还是用于朝觐，是贵族身份地位的表现。

　　西周的玉璋出土数量远不及玉圭多，特别是商代乃至中原龙山文化时期出土的具有祭祀性质的大型牙璋，在西周考古中无一发现，说明牙璋已经消失。由此专家推测，西周的玉璋基本为半圭形制，但数量很少。也有专家认为，西周墓葬中出土的柄形器，应该是文献中所记载的玉璋。究竟西周玉璋形制如何、功能怎样，还有待继续探讨。

从前，把生男孩子叫"弄璋之喜"，生女孩子叫"弄瓦之喜"。弄璋，古人把璋给男孩玩，希望他将来具有玉一样的品德。旧时常用以祝贺人家生男孩。《诗·小雅·斯干》云："乃生男子，载寝之床，载衣之裳，载弄之璋。乃生女子，载寝之地，载衣之裼，载弄之瓦。"璋是好的玉石；瓦是纺车上的零件。男孩弄璋、女孩弄瓦，实为重男轻女的说法。"寝床弄璋"、"寝地弄瓦"的区别在民国时代仍变相存在。有的地方生男曰"大喜"，生女曰"小喜"，亲友赠送彩帐、喜联，男书"弄璋"，女书"弄瓦"。

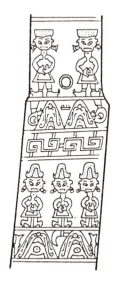

璋为玉质，瓦为陶制，两者质地截然不同。璋为礼器，瓦（纺轮）为工具，使用者的身份也完全不一样。用来表示男女，凸显了古代社会的男尊女卑。不过，在当时重男轻女乃天经地义的事情，人人理喻，所以，"弄璋"祝生男，固喜；"弄瓦"祝生女，也都认可。

问 题 互 动

弄璋、弄瓦的含义是什么？

（撰稿：张丽明）

祭祀礼簋——玉兽面纹簋

意趣点击

簋（guǐ）是古代用来盛装食物的盛食器，类似现代的碗，同时，它又是祭祀和宴飨时的重要礼器。按周代礼制中用鼎制度的规定，天子用九鼎八簋，诸侯七鼎六簋，大夫五鼎四簋，士三鼎二簋。

簋是商代陶器和青铜器中常见的造型。妇好墓出土的两件玉簋，是商代首次发现的高档玉质器皿，此玉簋为其中之一件。玉质青灰色，有黄褐色斑。仿青铜礼器制成，腹的中部碾琢精美的兽面纹，上下夹饰阴线菱形纹、三角纹各一周，圈足上用阴线碾琢云纹和目纹。全器造型端庄，纹饰精细，且由整块玉料挖空而成，其制作难度比片状要大得多。《尚书·洪范》记载："唯辟作威，唯辟玉食。""辟"指王，意为只有王可以作威作福，才能锦衣玉食。玉簋就是"玉食"的具体体现。这件玉簋造型典雅，气度不凡，应当不是一般的食器，而是祭祀时用的礼器。

玉兽面纹簋

商代晚期文物。高10.8、口径16.8、壁厚0.6厘米。1976年河南省安阳市殷墟妇好墓出土。中国社会科学院考古研究所藏。

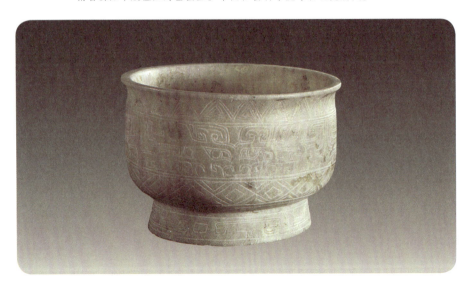

妇好墓中与此玉簋同出土的还有一件白玉簋，两件玉簋与琮、圭、璧、环、瑗、玦、盘等礼器共出175件，以璜为数最多，共73件，环次之，共24件。这与《考工记》中记载的玉礼器基本相符，除璋外，已基本齐全。"礼玉"专指璧、琮、圭、璋、璜、琥这六种玉器。妇好墓出土玉礼器，对研究周代玉礼器的渊源有一定的参考价值。它的出现，表明商代的玉器制作已经达到很高的水准。

以前认为"六瑞"即"六器"。后来经过考证，发现"六瑞"和"六器"虽然同属礼器，但两者的名称、用料、形制和功用是完全不同的。

《周礼·春官·大宗伯》载："以玉作六瑞，以等邦国。王执镇圭，公执桓圭，侯执信圭，伯执躬圭，子执谷璧，男执蒲璧。""六瑞"及是指镇圭、桓圭、信圭、躬圭、谷璧、蒲璧六种器物。瑞，《说文解字》释："瑞，以玉为信也。"郑玄注解说："人执以见曰瑞，……瑞，符信也。"《典瑞》云："若天子受命与天，诸侯不得受瑞与天，唯受命与天子，故名'瑞'。'瑞'，即符信者也。"这就是说，"六瑞"是以玉制作的用于朝聘的信物，在君臣间表示等级，在邦国交往之间表示礼节。

《周礼·春官·大宗伯》又载："以玉作六器，以礼天地四方、以苍璧礼天，以黄琮礼地，以青圭礼东方，以赤璋礼南方，以白琥礼西方，以玄璜礼北方。""六器"即是苍璧、黄琮、青圭、赤璋、白琥、玄璜六种器物。这里的器不同于瑞。"瑞"与"器"的分别，《典瑞》郑注明确界定为："人执以见曰瑞，礼神曰器。"器，是礼神的玉器。

知 识 链 接

妇好是商王武丁三位法定配偶之一，60多位妻子中的一位，商王祖庚的生母。是中国历史上第一位女性大将军。甲骨文中有关她的记载有200多条。

　　商朝的武功以商高宗武丁时代最盛。武丁通过一连串战争将商朝的版图扩大了数倍。而为武丁带兵东征西讨的大将就是他的王后妇好。甲骨文记载，有一年夏天，北方边境发生战争，双方相持不下，妇好自告奋勇，要求率兵前往，武丁犹豫不决，占卜后才决定派妇好起兵，结果大胜。此后，武丁让她担任统帅，从此，她东征西讨，打败了周围二十多个方国（独立的小国）。那时作战，出动的人数都不多，一般也就上千人，和大规模械斗差不多。但是根据记载，妇好攻打羌方的时候一次带兵就有一万三千多人，也就是说差不多全国一半以上的军队都交给她了。

　　妇好不但能带兵打仗，而且还是国家的主要祭司，经常受命主持祭天、祭先祖、祭神泉等各类祭典，又任占卜之官。商朝是个迷信鬼神的国家，所谓"国之大事，在祀与戎"。妇好又会打仗，又掌握了祭祀与占卜的权力，可能连武丁都要怕她三分。

　　值得注意的是妇好并不和武丁住在一起，而是经常待在自己的封地里。这种现象在后来的中国历史上再也没有出现过。不过，在当时这似乎是个普遍的现象。

　　但有关于妇好的生卒年代和死因各种资料中都语焉不详。有一种资料说妇好死于公元前1200年，但是死因不明。因为那时作战和大规模械斗差不多，妇好虽然贵为主将恐怕也要上阵作战。在作战中阵亡，或负伤后回到安阳创发而死也未可知。妇好墓出土的数件武器中有一把龙纹大铜钺和一把虎纹铜钺。因为上面刻有"妇好"字样，所以断定是其生前曾使用过的武器。这两件武器一件重8.5公斤，另一件重9公斤。妇好使用如此重的兵器，可见其武艺超群，力大过人。

问题 互动

妇好的身份是什么？

（撰稿：张丽明）

商玉之龙——玉龙

玉龙

商代晚期文物。长8.1、高5.6厘米。
1976年河南安阳殷墟妇好墓出土。中国社会
科学院考古研究所藏。

　　玉龙在商代墓中有较多发现，商代玉龙的造型基本延续了红山文化晚期卷曲龙的模样，首尾相接，有的背脊出现扉棱。但其头部和身躯都出现了较大的变化，并且出现了前肢。头部较大，张口露齿，并在头顶处琢饰有粗短的蘑菇形双角。"臣"字形眼，云纹鼻，躯体分别饰菱格、三角或变形云纹。有的在腮部还刻有重环纹、双连弧纹。到了西周玉龙片状器较多，纹饰线条也由商代的方折挺拔规矩变得舒展流畅，显得更加自然活泼。西周晚期有的龙体较前瘦长，角的雕琢亦不太明显，有的甚至变成了云纹状耳，同时"臣"字形眼也逐渐被圆形眼睛所替代。

　　此玉龙殷墟妇好墓出土，玉质呈褐绿色，有黄沁。圆雕。头硕大而成方形，蘑菇形角，张口露齿，圆眼外凸。龙身琢出脊棱，短足四爪，尾卷曲到右侧。身和尾均饰商代流行的菱格纹和三角纹。玉龙形态古拙，雕琢精致。基本具备了商代玉龙的所有特征。

深 度 结 识

龙是中国先民远古时期神灵崇拜的产物，在敬鬼事神祭祀之风相当炽热的殷商时期，龙已然是人们祭祀的神灵。尤其是龙的头部那如同汉字中"臣"字形的眼睛，十分引人关注，这种眼形同样用于其他动物和人物，可能是商代工艺制作使用的一种特殊眼形。另外，在龙首的顶部还设计了两个如同蘑菇状的龙角，短而粗。有专家称这种角为"且（祖）形角"，并认为"这种且形角实乃殷周之神主，其状象征男性之生殖器"；"这种角有时出现在鸟头上，有时出现在龙头上，可见这种角的安排，不是一件寻常的事"。此外，龙躯增加了似乎是"固定构件"组成的图案纹饰，常见的有重环纹、菱形纹、云雷纹等。商代龙纹上的这些与任何动物皮毛毫无关系的装饰，也应是一种观念意识的反映，它们"保存了上古图画记事之遗迹，是介于图画与文字之间的产物"。这种带有特殊含义的纹饰，根据需要安排在龙体的各个部位，使得商龙具有一定的威严庄重感。还有一些玉龙的造型，突破龙体蜷曲的形态，开始向四足爬行的兽类型发展，制作简单，大多无纹饰且为片状物，或许这种造型具有其他的用途和含义。

知 识 链 接

商代曾六迁其都，最后由盘庚迁都于殷，即今之河南安阳小屯村。殷墟位于河南安阳市西北郊，范围约24平方公里，包括小屯村、式官村、侯家庄、大司空村等村落。殷墟是中国历史上第一个文献可考、并为考古学和甲骨文所证实的都城遗址。殷墟古称"北蒙"，甲骨卜辞中又称为"商邑"、"大邑商"。据《竹书纪年》记载："自盘庚迁殷，至纣之灭，二百七十三年更不徙都。"这里一直是中国商代后期的政治、经济、文化、军事中心。古老的洹河水从市中缓缓流过，城市布局严谨合理。殷墟的规模、面积，宫殿的宏伟，出土文物的质量之精、之美、之奇、之多，可充分证明它当时不仅是全国，而且是东方政治、经济、文化中心。商灭亡后，这里逐渐沦为废墟。

考古工作者经过多年的考古发掘，在殷墟取得了很多重要成果，妇好墓就是最重要的发现之一。1976年发现的妇好墓是一座墓主人身份清楚、没有失盗的王室墓葬。该墓共出土随葬物品1928件，其中青铜器440多件，玉器590多件，骨器560多件。此外还有石器、象牙制品、陶器以及6000多枚贝壳。这些出土器物异常精美，巧夺天工。如工艺精湛的小玉人、镶嵌绿松石的象牙杯等，大量青铜器上铸有"妇好"的铭文。墓中许多随葬器物堪称殷墟文物的杰出代表，为研究殷代礼制提供了宝贵的资料，对探讨商代的社会分工和生产力水平，研究商代社会历史具有十分重要的意义。

问题 互动

您知道盘庚迁都的故事么？

（撰稿：张丽明）

凤凰传奇——玉凤

玉凤

新石器时代石家河文化玉器。通高13.6、厚0.7厘米。1976年河南安阳殷墟妇好墓出土。中国社会科学院考古研究所藏。

意趣 点击

此玉凤玉质黄褐色，有棕褐色沁。雕刻精美细致，玉凤亭亭玉立，作侧身回首欲飞状，喙、眼、冠似鸡，短翅长尾，翅上用阳线雕翎毛纹，尾翎分开。已基本具备了后世对凤"鸡头、燕喙、龟颈、龙形、鳞翼、鱼尾、其状如鹤、体备五色"的描绘。胸下有两个小镂孔，背、尾的相应部位各有一和两个长条形镂孔。腰间有一凸起的圆钮，上有小孔。整件器物造型优美，线条流畅，玉质莹润，神态迷人。

凤身上的小孔反映出了商代以前的人们已比较熟练地掌握了镂空、钻孔、抛光技术。镂空有"全封闭式"和"半封闭式"两种。钻孔的方法一为管钻，多用于璧、环和镯的中心部位；二是桯（tīng）钻，多用于为佩带而设计的小穿孔。玉器之所以有晶莹的光泽，大概是用兽皮或丝织品蘸水加细沙对玉面进行了抛光。

殷墟玉凤的出土，引发了大量的讨论。鉴于此玉凤与湖北石家河出土一件玉凤形象相似，制作工艺上也有雷同，使得学者们对于殷墟玉凤的来源产生怀疑。部分学者直接认定殷墟玉凤非商人所制，而是从石家河文化当中所来。但也有一部分学者认为殷墟玉凤依旧是商人所做，只不过借鉴了石家河文化当中的一些元素，让玉凤的形象更加生动。经过对两件玉凤造型改动，工艺的对比、分析与研究，我们与大部分专家观点相同，更倾向于此凤应是新石器时代石家河文化的遗留之物。

 深 度 结 识

从古至今流传着许多关于凤凰起源的传说。这种种传说，究竟只是一种神话，还是一种可能的历史真实？也就是说，凤凰，在历史中是否确曾有过一种真实的动物原型？对这个问题，正如对于龙的问题一样，学术界过去的观点多倾向于否定。但是我们却不能不注意到，在商代殷墟（今安阳小屯一带）甲骨文中曾发现过如下一条记载："甲寅卜，呼鸣网，获凤。丙辰，获五。"据古文字学家于省吾说，这条甲骨文的意思是：商王指令臣鸣用网捕鸟，于丙辰这天捕了五只凤。"由于系用网埔之，故所获自是生凤。"由此看来，在商代，中国确曾有过凤鸟。在早期金文《中鼎》铭辞中，我们还可以读到如下一则记载："归生凤于王。"文中所提到的"生凤"一词，郭沫若亦曾断定正是指活凤凰。据此，则无论甲骨文、金文，都有材料确切无误地表明，直到商周之际，凤凰还是一种虽然稀见、但却并非不存在的鸟类。有些学者从古人对于凤凰的形态描述中，得出凤凰即是鸵鸟的观点。又有一种说法认为："凤凰，青黑者鹭鸟。"但另一种相反的说法，却认为鹭鸟的形态是"赤色，五彩，鸡形，鸣中五音。"事实的真相究竟如何？还有待于考古资料的进一步完善，有待于我们专家学者的进一步考证研究。

玉凤佩，新石器时代石家河现藏文化玉器。最大直径4.7、厚0.6～0.7厘米。1955年湖北天门罗家柏岭出土。中国国家博物馆藏。

此玉凤成团凤形，镂空透雕，首尾相接。两面纹饰相同，凤首有勾形长冠，圆眼，尖喙，双翼，尾部分为双叉，尾根上方雕一圆孔。此器代表了石家河文化玉雕的最高水平，充分展现了凤的神鸟形象。商代晚期妇好墓木中出土的玉凤，在造型、风格、纹饰的雕刻手法上都与之极为相似，只是呈较舒展的弧形，犹如团凤拉伸开来的效果。

您认为古代真有凤这种鸟么？

（撰稿：张丽明）

玉人像

商代晚期玉器。高7厘米。1976年河南安阳殷墟妇好墓出土。中国社会科学院考古研究所藏。

意趣 点击

　　我们发现从妇好墓出土的几件玉、石人像，在造型艺术上有高度的写实性，人体各部位的比例大体适当，个别的头部偏大。基本作跪坐姿态，有些足趾着地，有些不甚清楚，但臀部皆坐于脚踵（zhǒng）上，双手均抚膝。他们的神态各异，表情生动，衣纹柔和协调，有的还以简练概括的线条勾画出人体不同部位的肌肉特点。人像和人头像的冠、发式都雕琢精致，一丝不苟。

　　此人像玉质黄褐色，圆雕。跪坐，双手抚膝，长脸尖颌，细长眉，臣字形眼，平视前方，大鼻小嘴，C形耳。头梳长辫一条，辫从右耳侧往上盘头顶一周，由左耳后侧伸向右耳侧，辫梢与辫根相接。头上戴圆箍形"頍"（kuǐ）冠，用以束发。"頍"前连有卷筒状饰，其上饰双线波形纹。头顶露发丝，上有左右对穿的小孔，靠前又有一小孔。身着衣，交领垂于胸，长袖至腕，小袖口，腰束宽带，带上有"米"字形纹样。衣下缘似及足踝。衣上饰云纹和目形纹，右侧下缘有蛇形纹。腹前悬"蔽膝"。似穿方头鞋。腰左侧佩一宽柄器，器的上端作卷云形，下端弯曲成蛇头形。器一面上部饰节状纹和云纹，下端为一简化蛇头纹。可能是一种礼仪性用器，以表示主人的身份。此人像神态倨傲，衣着上乘，像是贵族的形象，也可能是墓主妇好的雕像。

从妇好墓出土的玉、石人像共发现两种衣式，一种为交领，袖长至腕，窄袖口，腰束宽带，腰带压着衣领下部。跪坐时，衣下缘及踝部，可能衣长过膝。衣上饰云纹。在腹前还悬一"蔽膝"。腰佩宽柄器玉人所着衣式即是如此。第二种后领较高，长袖至腕，窄袖口，衣下缘似及小腿，衣上亦有云纹，但前领不显，似敞襟。胸部有兽面纹，或许是文身。接下来要介绍的短辫玉人的衣服款式即为第二种。

"蔽膝"多为长条形，有的中腰较窄，有的上窄下宽，都系于腹上，下缘垂至于膝。冠有圆箍状、圆箍前加一卷状饰、高冠或稍低的冠等多种形式。

我们对这些不同衣冠和发式的玉、石人像进行分析，发现他们可能属于不同阶级。如此腰佩宽柄器玉人衣冠比较讲究，双目视前方，姿态倨傲，像是奴隶主的形象；有件石人像，面似成年男性，无衣赤脚，仅悬一"蔽膝"，可能是一男性奴隶；短辫玉人，梳短辫，头微低，赤脚，可能是女性奴隶。这些雕像对研究殷人的坐姿以及衣、冠和发式有重要意义，对剖析殷代不同等级的人物形象和殷代的人种也有一定的参考价值。

关联 文物

短辫玉人　商代晚期玉器。高8.5厘米。河南省安阳市妇好墓出土，中国社会科学院考古研究所藏。

玉人玉质褐色，面部呈浅绿色，头顶呈淡黄色。跪坐式，全身比例不协调，大头，肩窄，粗宽躯干，短细腿。上身略前倾斜，头微垂，圆脸，细长眉，臣字形眼前视，耳、鼻较大，雕出鼻孔，闭嘴。双手抚膝，五指并拢，长袖至腕，窄袖口，衣下缘似小腿。赤脚，露出五趾。头顶有直发和发辫一条，胸前雕兽面纹，左右臂及左右腿衣上琢蛇形纹，背部为几何云纹。头顶上有左右相通的斜孔。身下两腿之间（臀下）有一较大的圆孔，可供插嵌。

问题 互动

商代玉器表现眼睛有什么特征？

（撰稿：张丽明）

周礼玉戈——玉人首怪兽纹戈

意趣点击

位于山西省曲沃县北赵村南的晋侯墓地无疑是20世纪西周考古最重要的发现之一。晋侯墓地从1992年至2000年，先后做过6次发掘工作，共发掘出9组19座晋侯及夫人大型墓葬，从西周早期偏晚延续至春秋初年，在西周各诸侯国中还是仅见。整个墓地东西长170米，南北宽130米，9组19座晋侯和夫人墓葬在墓地分三排排列。那就是晋国早期的王家陵园。许多专家认为，1996年启动的"夏商周断代工程"，离开晋国和晋侯墓地的发现，是"不可能完成的任务"。

此玉戈乃晋侯墓地63号墓所出。玉质黄褐色，半透明。长援起脊，三角形峰，内较宽，呈斜方形。近阑处上有一穿，两边设三组宽齿。在内和援的结合部，用双钩隐起阳线技法琢出人首怪兽纹。"臣"字形目，圆鼻头下有獠牙，须发细如蛛丝，手指和足趾琢成猛兽利爪，并以尾支地作蹲踞

人首怪兽纹戈

西周玉器。通长36.2、宽6、厚0.6厘米。1993年山西省曲沃县天马—曲村晋侯墓地63号墓出土。山西省考古研究所藏。

状。造型神秘怪异，工艺技法高超，通体抛光，在西周玉戈中可为少有的精品。

深 度 结 识

从文献和考古资料来看，周代的礼仪用玉当以圭、璋、璧三类器物为主。圭成为周代的瑞玉，是和周代的命圭制度密切相关的。据文献记载，周天子在册命诸侯时，赐圭是其中必要的仪式。现在学术界普遍认为圭的形制是条形片状且有三角形尖首的一类玉器。

有关考古专家认为在周代墓葬出土的玉器中，有一类器物和上述尖首圭的形制十分接近，这就是玉戈。一般而言，区分圭、戈的主要标准仅在于戈有一个明显的内，而圭则无。但事实上很多小型戈的内并不明显，和圭很难区别。20世纪50年代在上村岭虢国墓地出土四百多件石戈，其中既有内明显者，也有在援、内交界处的两侧各刻出一凹槽以显示援、内者，更有援、内不分而呈圭状者，由此发掘者认为"圭、璋可能即从石戈演变而来"，而著名考古学家夏鼐也认为："玉圭……实际上是武器类的戈，仅柄部不显明区分。"因此从制作工艺上讲，圭就是简化了内的戈。

圭、戈不仅在形制上接近，它们在周代墓葬中大抵都见于棺椁盖板上、棺椁之间以及墓主身体周围。

根据戈、圭在器物形制、制作工序和出土位置上的相似性，可以判定两者其实是同一类器物。戈与圭异名同实，只是因为其使用场合不同而名称有别。在周代，当某种日常用器被用于礼仪和宗教场合时，它们通常被赋予新的名称。由此推断，当一件形状为"戈"的瑞玉完成后，为区别于其日常用器以示珍重，故被赋予新名而称为"圭"。

礼乐制度起源于西周时期，相传为周公所创建。它和封建制度、宗法制度一起，构成整个中国古代的社会制度，对后世的政治、文化、艺术和思想影响巨大。礼乐制度分礼和乐两个部分。

周礼分为吉凶宾军嘉五礼。吉礼，就是祭祀之礼。吉礼规定了不同级别的人有不同祭祀对象，所谓天子祭天地，诸侯祭山川，大夫祭五祀、士祭其先人，这是不可僭越的。连宗庙的建置也做了严格的级别限制：即天子七庙，诸侯五庙，大夫三庙，士一庙，庶人就在家中祭祀祖先。凶礼，是哀悯吊唁忧患之礼，主要指丧葬之礼，也包括对天灾人祸的哀悼。宾礼，指诸侯对于周天子的朝见、各个诸侯之间的聘问和会盟等礼仪。军礼，顾名思义，应该主要指部队操练、征伐方面的礼仪。嘉礼是和合人际关系、沟通、联络感情的礼仪。礼的部分主要对人的身份进行划分和社会规范，最终形成等级制度。

乐的部分主要是基于礼的等级制度，运用音乐缓解社会矛盾。"乐"也不简单指音乐，概念也要广大很多。乐包括了音乐在内的集诗、歌、舞于一体的人文文化，是立体的多人参与的行为艺术。那么，礼乐之间是一种什么关系呢？

《礼记·乐记》记载："乐者为同，礼者为异，同则相亲，异则相敬，乐胜则流，礼胜则离，合情饰貌者，礼乐之事也。"意思是说：乐是为了协调一致，礼是为了区别差异。协同就会互相亲近，区别就会互相尊敬。乐过度了就会造成沉湎，礼过度了就会造成隔阂。合乎情理而文饰仪表，就是礼乐的作用。礼乐结合在一起就可以实现教化民众的作用。

问 题 互 动

周代有哪五种礼仪？

（撰稿：张丽明）

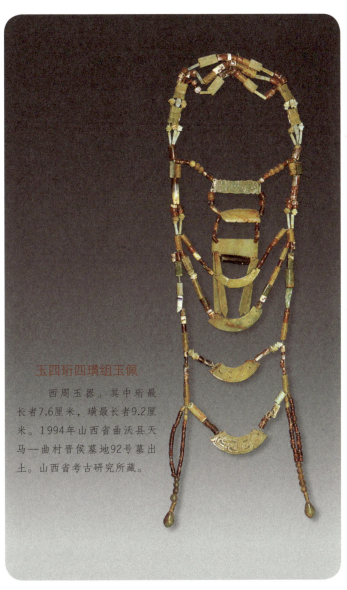

玉四珩四璜组玉佩

　　西周玉器。其中珩最长者7.6厘米，璜最长者9.2厘米。1994年山西省曲沃县天马—曲村晋侯墓地92号墓出土。山西省考古研究所藏。

意趣点击

　　在中国古代"美石为玉"观念的影响下，玉可能最早就是用作装饰物而被人所佩戴的。两周时期，服饰用玉是贵族人士的必备之物，并发展成为彰显身份地位的重要标志物，故《礼记·玉藻》强调："古之君子必佩玉"，"君子无故玉不去身"。周代服饰用玉中结构最复杂、色泽最鲜艳者是以璜、珩为主要构件、并以各类管珠连缀而成的成组佩玉。因这类佩玉结构复杂，故学术界习惯上称之为"组玉佩"。

周代组玉佩中，最主要的构件是璜（huáng）与珩（héng）。《说文·玉部》释"璜"为"半璧也"，又释"珩"为"佩上玉也"，但对其形制未作说明。业内专家孙庆伟先生认为璜、珩的主要区别在于它们截然不同的佩戴方式：佩璜时是将璜的凹面朝上而凸面向下，而佩珩则是将拱面朝上而凹面向下。

山西晋侯墓地出土的组佩数量较多，也是最为精彩的品类。根据出土的位置，有研究认为："组佩分为两种，一种是胸佩，即挂于项垂于胸前；另一种是挂于肩垂于胸两侧。前者多以璜为主体，后者则多以玉质的或骨质的梯形牌饰和玛瑙管、料管、珠等组成。"

此组玉佩由4件玉珩、4件玉璜、4件玉圭和玉片、玉贝、玉珠、玉管、玛瑙管、松石管、料珠管串联而成，出土于墓主人胸腹部，过颈佩戴。8件珩璜除2件素面外，其余都琢回首龙纹，有的头向相反，有的头向相对，龙尾缠绕。此组玉佩，结构复杂，制作豪华，显示了西周诸侯在服饰、取材、设计及工艺上的特点。

深度结识

《礼记·玉藻》云："古之君子必佩玉。右徵（zhǐ）角，左宫羽。趋以《采齐》，行以《肆夏》，周还中规，折还中矩。近则揖之，退则扬之，然后玉锵鸣也。故君子在车，则闻鸾和之声，行则闻鸣佩玉，是以非辟之心无自入也。"这一段说，古时候（古指商周）君子身上都佩玉，以体现出周礼的威严庄重；君子是有修养的士大夫阶层。趋是走在寝门外至应门的路上，行是走在寝门内至堂的路上。行走时右边的佩玉发出合于五音中徵、角的声音，左边的佩玉发出合于宫、羽的声音。

宫、商、角、徵、羽是中国古乐中的五个音级。这里是说左右的佩玉在人行走时发出合于音阶之美的声音，而且玉佩碰撞的声音要有韵律，趋走时与《采齐》之乐节相应，行走时则与《肆夏》之乐节相应。反转身所走的路线要有规矩，呈圆形，转弯时所走的直线要符合矩，呈直角形。进前时，要将身体略俯，像作揖一样；退后时要微微仰起身子，这样，玉佩就会随着着装者体态的变化而发出铿锵并节奏的鸣声。君子乘车的时候，听到车上的銮铃、和铃的犹如音乐一样的声音；步行的时候，应听到身上玉佩碰撞的声音，因此一切邪僻的杂念就不会进入君子心灵中了。

虽说玉佩碰撞发出的声音很美，可陶冶性情。但不是在所有场合都要沉浸在这种韵律之美当中，例如士大夫在国君面前就不能发出玉佩碰撞的声音。

知识链接

组玉佩饰在《诗经》中也被屡屡提及，但多称为"佩玉"或"杂佩"。因此我们认为作为高贵身份象征的组玉佩饰也是周代贵族男女的常备之物，如：

《秦风·渭阳》："何以赠之，琼瑰玉佩。"

《卫风·竹竿》："巧笑之瑳（cuō），佩玉之傩（nuó）。"

《郑风·女曰鸡鸣》："知子之来之，杂佩以赠之。知子之顺之，杂佩以问之。知子之好之，杂佩以报之。"

《郑风·有女同车》："有女同车，颜如舜华。将翱将翔，佩玉琼琚。彼美孟姜，洵（xún）美且都。有女同车，颜如舜英，将翱将翔，佩玉将将。彼美孟姜，德音不忘。"

《诗经》又称"诗"或"诗三百"，是中国最早的诗歌总集。它收录自西周初年至春秋中叶大约500多年的诗歌（公元前11世纪至前6世纪），另有6篇有题目无内容，称为笙诗。《诗经》中的诗的作者，绝大部分已经无法考证。其所涉及的地域，主要是黄河流域，西起陕西和甘肃东部，北到河北西南，东至山东，南及江汉流域。风、雅、颂，是诗经的体裁，也是诗经作品分类的主要依据。

《风》包括了十五个地方的民歌，有160篇，是《诗经》中的核心内容。《雅》是宫廷乐歌，共105篇。《颂》是宗庙用于祭祀的乐歌和舞歌，共40篇。

 ## 问题互动

珩和璜有什么区别？

（撰稿：张丽明）

夔鹰穿越——
玉夔冠鹰

玉夔冠鹰

商代旧玉。高10.3、宽4.3、厚2.2厘米。
1993年山西省曲沃县天马——曲村西周晋侯墓
地出土。山西省考古研究所藏。

意趣点击

此玉夔（kuí）冠鹰乃系晋侯墓地63号墓，即西周时期晋穆侯次夫人杨姞墓
所出土，为商代旧玉。玉质青绿色，局部有褐斑。圆雕。鹰甚雄健，立姿，钩
喙，胸外凸，展翅，尾上翘，爪下端有榫。头上有夔龙冠饰，夔龙头向下，张
口。蘑菇形双耳，弓形卷尾。妇好墓曾出土玉夔冠鹦鹉，但系片雕。此件夔和鹰
造型奇妙，富有动感，通体琢双勾阳线并配以阴线，线条娴熟流畅，纹饰精致，

为商代玉雕杰作。

　　63号墓出土的具有前代风格的玉器除了此件外，还有卧牛、玉螳螂、卧羊、龟、熊、鹄等。这些玉器都出于棺椁之间椁室西北角一个已经腐朽的铜方盒内。很多业内专家认为这些商代玉器的精美程度甚至要超过妇好墓所出者，晋侯墓地其他晋侯夫人墓出土玉器就更是远不如该墓所出者。同墓所出的超大型组玉佩的构件，基本上都是西周早中期和西周晚期偏早阶段的器物，表明它们也是墓主生前的收藏，而对精美玉器如此宏富的收集也非等闲之辈可以做到。殷墟妇好墓中出土过红山勾云器、石家河玉凤鸟，西周虢国墓地出土过商代玉鹄、玉象、玉人等器物，可见，最迟在商代，古人就有了收藏古玉的习惯。

深度 结识

　　在各类古物中，古玉断代是较为困难的一项，因为至今还没有发展出真正有效的，使用科学仪器协助鉴定玉器雕琢年代的方法。所以目前为社会大众公认的方法，多以考古出土资料为依据，观察一件玉器的质地、沁色、造型、花纹、雕工等与之相似之程度，作为鉴定的标准。台湾故宫博物院的玉器专家邓淑苹先生认为："大家对古玉的认知，是不断修改、逐渐积累的。……考古资料固然是鉴定上最可靠的依据，但有其相当的褊狭性，根据目前的考古资料所建立的古玉发展之时空框架，还是非常概略的。所以一件玉器的造型与花纹，在出土器中有没有？品相是不是精美？都不是鉴定玉雕真伪的依据。"

　　此玉瓒冠鹰，《文物藏品定级标准图例·玉器卷》中把它的年代定在西周，现在学术界更倾向于定在商。我们了解到不止是墓葬出土的玉器，大批流散到民间的古玉，在当时并不十分清楚它们的时代与文化类别的情况下，它们的年代大多被定为周、汉。直到近年，更多遗址被考古发掘，考古资料的增加，逐渐辨识出这些古玉器分别属于红山、良渚、石家河、龙山、齐家等新石器文化。事实上还有不少古代器物，仍无法确定其时代或文化类别。我们只有期待日后有更新的资料出土，再予以定位。

知识链接

晋侯墓地中，杨姞是晋侯墓地里唯一一个以妾的身份入葬晋侯墓地的人。

这位次夫人"杨姞"，未见史载，要不是从随葬的一对青铜壶的铭文中发现"杨姞"这个名字，此人消失了近三千年，还将一直消失下去。说"杨姞"是我国历史上最为盛装的女人，一点都不过分。她的随葬品数量与规格远远超过了穆侯夫人齐姜，甚至超过她的夫君穆侯本人。墓中随葬品多达4280余件，仅玉器就达800多件，就连在当时作为权力象征的玉戈也有12件之多。而最突出的，无疑是她的超级项链。

此项链将中国历史上的多璜组玉佩的形制推向了极致。长度2米多，可从头覆盖到脚，由玉璜、玉珩、冲牙、玉管、料珠、玛瑙管等各种珍贵玉饰共204件串联而成，组佩中玉璜的数量就达到45件，每件玉饰之上都雕刻有精美的纹饰，工艺精湛，庄重典雅，令人叹为观止。据说墓地打开那天，见多识广的考古人员惊呆了。整组玉佩结构之复杂、组合之规整、纹饰之精湛，使人不难想象主人生前佩戴时的雍容华贵。她是如何佩戴的？

如此奢华的随葬品，让我们不由产生种种疑问，这是怎样的一位次夫人，不仅可以入葬晋侯墓地，还能拥有如此奢华的随葬品？墓主人到底是谁？是杨姞，还是另有其人？到现在，这些仍然是个谜。

问题互动

杨姞是什么身份？

（撰稿：张丽明）

意趣点击

此玉鹿采用的玉料为和田玉，埋藏于墓中近三千年受血沁后现呈灰绿色，间有灰褐斑。鹿体扁平，角长枝繁，臣字眼，体态肥圆，小尾下垂，四肢壮实有力。姿态如在奔跑中倏然止步，昂首前视，大耳抿后，双角上指，将鹿奔跑的迅疾和受吓的惊恐表现得淋漓尽致。鹿的角根钻一圆孔，用以

玉鹿

西周玉器。高9厘米。1974年陕西省宝鸡市茹家庄1号墓出土。陕西省宝鸡市博物馆藏。

悬佩。整器雕琢纹饰简洁，表现形态逼真，寥寥数笔就突出了鹿的性格。

深度 结识

西周统治者以商人亡国为借鉴，力戒奢靡，崇尚节俭，反映在器物上，纹饰就不再像商代那样神秘和繁缛，而归于简洁朴素，素面和片状的玉器大量增加，西周玉鹿是动物形玉雕中最具特色的器物，有回首、前视、伏卧、站立等各种造型。一般为片状，光素无纹，仅有几条简洁轮廓线，然而鹿角却琢制得十分俊美，像多杈小树一样耸立在鹿之头上，生动逼真，透露出一种矫健的神采。

关联 文物

1、鹿形玉佩　商代晚期玉器。长6、宽4.9、厚0.5厘米。玉质墨绿色，形似幼鹿，无角，作伏卧回首状，闭口、圆眼小耳，前肢较长，屈于腹下，蹄朝上;后肢前屈，蹄朝下。短尾。身上刻有双钩云纹，表示鹿身上的皮毛。商代晚期玉鹿，片状居多，造型简单。河南安阳妇好墓出土，中国社会科学院考古研究所藏。

2、猴形玉佩　西周玉器。长9.4厘米。上部一龙，菱形眼，张口，鼻部下接猴首，歧尾上扬，猴首五官清晰，凹眶凸目，云形大耳，凸

吻，直颈，胸、腹为头朝下的龙，长尾下卷，腿略弯曲，长尾拖地。纹饰以粗细阴刻线组合而成，线条流畅，造型生动。山西省曲沃晋侯墓地出土，山西省考古研究所藏。

鹿是古人心目中的一种瑞兽，有祥瑞之兆。《符瑞志》载："鹿为纯善禄兽，王者孝则白鹿见，王者明，惠及下，亦见。"因此古代玉器中鹿纹图案较多，造型亦千姿百态，丰富多彩。它们或卧，或立，或奔跑于山间绿野，或漫步于林间树下，皆秀美生动、典雅可爱。尤其是唐宋以后，人们赋予了鹿更多的内涵。《论语》言："人有命有禄，命者富贵贫贱也，禄者盛衰兴替也。"因为"鹿"与"禄"同音，凡是与爵禄有关的图案，都以鹿为代表。传说千年为苍鹿，二千年为玄鹿，故鹿乃长寿之仙兽。鹿经常与仙鹤一起保卫灵芝仙草。鹿字又与三吉星："福、禄、寿"中的禄字同音，因此它在有些图案组织中亦常用来表示长寿和繁荣昌盛。

此外，鹿"食则相呼，行则同旅，居则环角向外以防害"，具有群居的特点。古代先祖们将这种习性推及人类，以鹿喻宾朋，以"鹿鸣"为宴会宾客之乐。《诗经》中就曾多次提及，《诗经·小雅·鹿鸣》云："呦呦鹿鸣，食野之苹。我有嘉宾，鼓瑟鼓琴。"古时有所谓"鹿鸣宴"，便是如此。鹿还是帝位的象征，"逐鹿中原"、"鹿死谁手"两个成语都以鹿喻帝位。《汉书·蒯通传》曰："秦失其鹿，天下共逐之。"《晋书·石勒载记》曰："勒笑曰：朕若逢高皇当北面而事之，与韩彭竞鞭而争先耳。朕遇光武，当并驱于中原，未知鹿死谁手。"显然，这是比喻政治上的角逐，鹿是帝位的象征。

问 题 互 动

为什么说鹿是"纯善"的？

（撰稿：张丽明）

灵牛牲祭——玉牛牲

意趣点击

　　我国一向"以农立国"，牛在农业社会里，扮演着十分重要的角色。从耕种养民到载重负远，以及日常生活，牛与人的关系极为密切，并树立了吃苦耐劳的美德形象。在商代以前，牛的形象可能是部族或氏族的标志，古人崇拜的灵物或曰图腾。夏商之际牛的形象常被铸刻在青铜鼎上，具有锁定人心的作用。此外，牛还是祭祀天地山川鬼神不可缺少的牺牲，即使在今日，此祭奠遗风犹存。

玉牛牲

西周玉器。长7、宽2.2、高4厘米。1993年山西省曲沃县天马—曲村晋侯墓地63号墓出土。山西省考古研究所藏。

商代圆雕玉牛多为跪卧或伏卧状，双目平视，神情庄重，身饰云纹和简化重环纹，额中常有一菱形装饰。西周圆雕玉牛多呈站立状，四肢较短，并简单地刻划出蹄足，且躯体浑圆，光素无纹，尾巴下垂，头部比例较商代略小，已具有一定的写实意义。

此玉牛牲玉质青色，较纯净。圆雕。牛置于平板上，四肢分别向前后叉开，作半卧姿态，颈下支撑一丫形物，再现了当时诸侯国太宰用牛牲祭祀的情景。对研究西周祭祀用牲制度有直接意义。此器同样是西周晋侯墓地63号墓出土。

深 度 结 识

祭祀之事是殷周时期国家政治生活中最重要、最神圣的头等大事。武王翦商之时，甚至仿效商王施行过人祭、人殉，但是相比商代来说，数量和规模都要小得多了。西周祭祀主要是用牲祭，分为大牢和少牢。大牢祭品指的是牛、羊、猪，以牛为主，少牢祭品指的是羊、猪，以羊为主。《礼记·王制》称："祭天地之牛，角茧栗；宗庙之牛，角握；宾客之牛，角尺。"可见周代牲祭以牛为上品，祭祀之用牛亦分等级。面对隆重而繁多的祭祀活动，周代特设"牛人"一职，专门掌管牛在国家所有的祭祀、军役等方面的应用事项。

在周人的祭祀礼仪中大量的、主要的祭品除了牛、羊、猪、马等牺牲，其中还有更为重要的祭祀礼器，这就是饰有牛、羊、猪、马形象的青铜器和玉器。因为与人关系密切，又涉及祭祀之事，所以在西周的青铜器和玉器中，对牛、羊、猪、马的形象和纹饰亦有非常细致而慎重的反映。新石器时期有用牛、羊、猪陪葬的现象。西周贵族去世后，陪葬多选用不同等级的青铜器和玉器，而玉制的牛、羊、猪、马当为高等级的随葬品。

晋这个国号，一直沿用了近900年。人们耳熟能详的晋国起源的故事，来自《吕氏春秋》中的"桐叶封弟"。西周初年，周武王姬发驾崩后，唐国发生叛乱。太子姬诵年幼，在周公姬旦的扶助下做了国君，史称周成王。

有一天，周成王和弟弟叔虞一起在宫中玩耍。成王随手捡起了一片落在地上的桐叶，把它剪成玉圭形，送给了叔虞，并且对他说："这个玉圭是我送给你的，我要封你到唐国去做诸侯。"史官们听后，把这件事件告诉了周公。周公见到成王，问道："你要分封叔虞吗？"成王说："怎么会呢？那是我跟弟弟说着玩的。"周公却认真地说："天子无戏言啊！"

后来，成王只得选择吉日，把叔虞正式封为唐国的诸侯，史称唐叔虞。不过，叔虞长大后，以自己的智慧才能，励精图治，带领百姓兴修水利，改良农田，大力发展农业，使唐国百姓逐渐过上了安居乐业的生活。唐叔虞死后，他的儿子燮（xiè）继位。因为境内有晋水，便改国号为"晋"。山西简称晋，也由此而来。同时为了祭奠唐叔虞，还在晋水源头的悬瓮山下修建了一座祠堂来祀奉他，这就是"晋祠"。"天子无戏言"，也因此流传开来。

问 题 互 动

您了解"桐叶封弟"的故事么？

（撰稿：张丽明）

玉鹦鹉首拱形饰

春秋时期玉器。弧长8.4、宽3、厚0.5厘米。1986年江苏省吴县严山窖藏出土。江苏省吴县文物保管委员会藏。

意趣 点击

此拱形饰玉质淡绿色，半透明，内蕴墨绿色斑点，有光泽。呈拱形瓦筒状，两端镂琢出对称的侧面鹦鹉头像，高肉冠，圆目钩喙，头部边沿琢出细密的阴线羽状纹，颈与器体相连，器体表面分饰四组繁密的蟠虺纹。蟠虺纹、羽状纹自春秋时期兴起，延续至战国早期，时代风格明显。此器造型奇特，纹饰优美，是难得的春秋吴国玉器珍品。

深度 结识

这件作品是在一筒瓦形的坯料上完成的，工匠以减地浮雕与单线阴刻相结合的手法，组成瑰丽精致而富有层次感的图案。器体两端琢割出鹦鹉的侧面轮廓，尖锐的弯喙，高高的肉冠和镂孔的眼相结合，头部边沿采用单线阴刻手法形成细如毫发的羽状纹，完整的鹦鹉首形象就展现在人们的面前了，而颈部则用流畅的阴线向圆弧形的体部延伸贯通，使之浑然一体，四组蟠虺纹采用减地浅浮雕手法，使之浮凸于体表。尤其令人惊奇的是，这些纹饰是在弧距仅有8.4厘米，起拱度接近半圆的器坯上所琢成，其技术难度无疑是很大的，2500年前的琢玉工匠，已有如此纯熟高超的琢玉技艺，不能不令人赞叹。

经初步推断，这件漂亮的玉器可能是一种发饰。用鹦鹉的形象作为玉器装饰的内容，在殷墟妇好墓中已出现，造型颇为生动，但纹饰大多以双线阴刻为主。春秋时期的这种豪华型鹦鹉首玉饰尚属首次发现，它的存在，不仅填补了吴国玉器作品的空白，而且为研究东周时期的礼制、社会风尚等问题，提供了珍贵的实物史料。

知 识 链 接

在苏州木渎盆地内城址的正北方，存在着大量的东周时期土墩墓和石室土墩墓，其中有许多是高等级墓葬，如真山、阳宝山、树山大墓等，以及严山玉器窖藏。出土的精美玉器，可以证明作为吴国晚期也是鼎盛期所在地的苏州地区，应该是吴文化的中心聚落区。

1986年4月，在距苏州城西20公里，海拔22.5米的严山东麓出土了一批吴国玉室玉器窖藏。这是目前国内唯一按完整的一批吴国玉器，其精美程度，体现了吴国玉器的最高水准。

　　这批玉器是在一个长2.0、宽1.5米的略呈长方形的土坑中发现的。坑底距山坡表土深0.5米。由于当地爆破采石，玉器出土处已破坏；其存放位置和组合情况已不明。除玉器外，没有其他遗物出土。出土遗物共402件，其中软玉器204件，余为各色玛瑙、绿松石、水晶器和玻璃器。鹦鹉首拱形玉饰和双系拱形起脊玉饰是两件国宝级文物。

　　严山玉器主要种类有：璧、环、璜、琮、镯、珌（bì）、珑、玦、管、珠及各类玉佩饰。主要文饰有卷云纹、绳纹、陶纹、弦纹、细鳞纹、羽状纹、几何纹以及形态不同的蟠虺（huǐ）纹、蟠螭（chī）纹、兽面纹、蔓纹、鸟纹的纹饰，与同时代的青铜器纹饰相当接近。据考证，这批吴国王室玉器极有可能是在越灭吴的战争中，由吴国王室人员在匆忙中埋入严山土内的。

古代玉器有哪些主要纹饰？

（撰稿：张丽明）

兵符前身——玉虎

意趣点击

　　此虎形玉佩为青白玉，白色微黄，透明，玉质细润，呈片状。正面呈虎形，垂首，弓背，尾下垂而上卷、上下均饰有绞丝纹，虎的口和尾端各有一穿孔以供佩戴。该佩饰造型生动，栩栩如生，体现出楚玉极其高超的雕琢工艺。此虎形玉佩应该为玉组佩中的构件。事实上，我们发现玉虎大多用于佩饰。

　　另外河南淅川下寺1号墓还出土一对玉虎形佩，造型和纹饰完全相同并两两相对，显然是由一块玉料分割而成。讲究对称是春秋玉器的一大特点，成双佩戴的玉虎。后来发展演变成兵符——虎符，成为发兵的信物。

玉虎形佩

春秋时期玉器。长14.6、厚0.4厘米。1978年
河南淅（xī）川下寺1号墓出土。河南博物院藏。

深度 结 识

西周时期诸如此类扇面形的佩饰，不管是龙形佩、还是虎形佩、鱼形佩，大部分都应该是作为组玉佩的构件而存在。那么这些构件到底是应该称为玉璜还是玉珩呢？之前我们也提到过孙庆伟先生认为璜、珩的主要区别在于它们截然不同的佩戴方式：佩璜时是将璜的凹面朝上而凸面向下，而佩珩则是将拱面朝上而凹面向下。

有的专家则认为，因为两者佩系方式的不同，璜、珩上所琢的孔洞也不相同：佩璜时是将其凹面朝上，因此必于其器物两端各琢出一孔以供穿系丝线；而佩珩时是将其拱面朝上，则必于器体中部的拱处琢一孔，这样才可能出现"似磬"的形体，因此器体上孔洞的数量和位置是判别璜、珩的重要依据。需要指出的是，虽然有些玉珩的器体两端也各有一穿孔以系挂其他构件，但因其佩戴方式仍是"似磬"状，所以仍然是珩而非璜。

因此我们说璜、珩的使用主要取决于佩玉方式，西周时期组玉佩佩于颈部，故玉璜盛行；春秋战国以来，组玉佩系于腰带，故玉珩兴盛，而玉璜则逐渐淡出历史舞台。

关联 文 物

卷云纹虎形玉佩 春秋早期装饰用玉，河南省宝相寺黄君孟夫妇墓出土，现藏河南博物馆。长12.7、宽6.2、厚0.3厘米。玉质黄褐色，有黑斑，半透明，有光泽。扁平体，造型为虎形。虎躬身，低头，张口，伏耳，卷尾似匍匐状。虎爪

钩卷。虎头、虎身及虎尾阴刻钩云纹、水波纹，象征虎皮斑纹。双臂饰椭圆形纹，虎口及尾部各有一钻孔。

2、卷云纹兽形玉佩 春秋晚期装饰用玉。1978年河南淅川下寺1号墓出土。河南博物院藏。长2.2、宽1、厚0.23厘米。玉质棕褐色，半透明，有光泽。扁平体，呈伏卧回首状。兽弓背，卷尾，通身浅浮雕卧蚕纹，兽耳有一钻孔。

知 识 链 接

《周礼·春官·大宗伯》云："以玉作六器，以礼天地四方，以苍璧礼天，以黄琮礼地，以青圭礼东方，以赤璋礼南方，以白琥礼西方，以玄璜礼北方。"因此有学者认为玉虎即是古文中的"琥"与圭、璋、璧、琮、璜一起，合称"六器"。事实上"六器"中的"琥"早在汉代即遭到质疑。"琥"作为祭祀用的礼器尚未得到考古资料的证实。

问 题 互 动

你了解虎符的作用么？

（撰稿：张丽明）

玉人首蛇身饰

春秋时期玉器。外径3.8、厚0.2厘米。
1983年河南省光山县宝相寺黄君孟墓出土。
河南省信阳地区文物管理委员会藏。

意趣 点击

此造型怪异的两件人首蛇身佩，系为一块玉料剖切而成。玉质青灰色，有褐斑。器体扁薄，呈侧面团身人首蛇身形象。人头较大，蛇身向背后卷曲。尾接于头顶。用阴线和隐起阳纹手法，琢出五官、头发和耳饰。这两件器物的面部略有区别，似一男一女。专家推测，该作品很可能表现的是伏羲、女娲的始祖形象，体现了上古社会祖先崇拜对后世的影响。也有学者认为，这两件器物应为新石器时代晚期遗存，春秋时又被加工改雕。

深度 结识

黄国为周代的嬴姓小国，故城在今河南省潢川县西北淮河南岸的隆古乡，据该墓近20公里。公元前648年黄国被楚国灭亡。在黄君孟墓在该墓出土的青铜器中铸有

"黄君孟"、"黄子作黄夫人孟姬"等铭文。考古工作者推断该墓为黄国国君孟及其夫人的合葬墓。

黄夫人孟姬墓出土的紫色绣绢和"绢纺"纬重平组织织物，是我国纺织史研究中极为珍贵的标本。紫绢，史称"齐紫"，"齐桓公好衣紫，国人从之，五素不能易一紫"。"齐冠带衣履天下"。当时，黄国依靠齐国对抗楚国，黄夫人孟姬身穿的紫绢有可能是从齐国来的。当时陈留（今开封东南）、襄邑（河南睢县）出美锦，与齐鲁的罗纨绮缟齐名。曾经辅助越王勾践"示民以耕桑"的文种，也做过宛（河南南阳）令，是他把养蚕种桑的技术传到越国。那么，在南阳附近的信阳地区，应该有自己发达的纺织业。黄君孟夫妇墓出土了多件蚕纹玉器，如果当地没有丰富的养蚕知识，玉工不会雕出如此生动的蚕纹。特别是双根经线又加捻的"绢纺"技术，其他地方尚未见到。

知 识 链 接

古典文献和出土文物都证明，在中国文化史上极其显赫的伏羲与女娲，本始形象是人首蛇身。从某种意义上说，伏羲、女娲形象是中国上古时期蛇崇拜的变形。事实上，蛇是生活于海岱区域的东夷部族的图腾。在他们心目中，蛇具有顽强的生命力和旺盛的生殖力，是永恒生命的象征。伏羲、女娲神话在很大程度上即是这种崇拜意识的浓缩。晋王嘉《拾遗记》："蛇身之神，即羲皇也。"《帝王世纪》："女娲氏，亦风姓也，作笙簧，亦蛇身人首。"曹植《女娲赞》："或云二皇，人首蛇形，神化七十，何德之灵。"又，伏羲、女娲作为苗族始祖神，其形象亦为"人首蛇身"。《山海经·海内经》："有人曰苗民，有神焉，人面蛇身，长如猿，左右有首，衣紫衣，冠旃冠，名曰延维。人主得而飨食之，伯天下。"据闻一多《伏羲考》所释，此苗民所祀奉的名曰"延维"的"人面蛇身"，"左右有首"的神灵，实即交尾的伏羲、女娲。

从原始彩陶和铜器、石刻中，也可以看到这些人面蛇身的图像。甘肃武山县出土的仰韶文化原始彩陶有人面蛇身纹和人面龙蛇纹，商代铜器有人面蛇身纹卣。河南南阳出土的汉代砖墓画像中的伏羲、女娲形象，腰身以上是人形，穿袍戴冠，腰身以下则是蛇躯，尾端亲密地卷曲在一起。又如山东嘉祥出土的画像石，伏羲、女娲的形象亦同于南阳汉墓画像，两人背向，伏羲在左，手执曲尺，女娲在右，手执圆规。空中有几位长着翅膀的人首蛇身的小人。从中我们也可以看出，从新石器时代以来伏羲的形象就是"人首蛇身"，在汉代以后，伏羲"人首蛇身"的图案更是被作为装饰图案广泛地运用到人们的日常生活中。

问题 互动

伏羲女娲的典型形象是什么样的？

（撰稿：张丽明）

剑饰始祖——玉剑首、玉剑格

　　玉具剑是指在佩剑上镶嵌有玉器装物的宝剑。玉具剑始见于春秋晚期，盛行于战国，两汉、魏晋南北朝逐渐衰落。剑上的玉饰主要有玉剑首、玉剑格、玉剑璏（zhì）、玉剑珌（bì）四部分组成。

　　此两件玉剑饰均青色，质地湿润，器表均浅浮雕蟠虺纹和卷云纹。出土于江苏程桥2号墓，是我国目前发现最早的玉剑饰实物，出土时，尽管青铜剑茎、剑锷已经残段，仍然可以看出这把玉具剑是一柄精美的利兵。

　　玉具剑是战国及汉代盛行的剑饰，此两件剑饰早于战国，又为考古发掘品，当具有特别重要的历史、艺术价值。被定为国家馆藏一级文物。

玉蟠螭纹剑首、剑格

　　春秋礼仪用玉。剑首高4.8、宽3.5厘米，剑格高1.2、宽3.6厘米。1972年江苏省六合县程桥2号墓出土。南京博物院藏。

深度 结 识

青铜剑始于商代。那个时候，它的剑身一般较短，形状就像柳树的叶子，制作也比较粗糙。春秋晚期以后，青铜剑的制作达到成熟，著名的越王勾践剑、吴王夫差剑、吴王光剑等，都是这时期的重要作品。这些宝剑制作精美，表现出卓越的制作工艺。春秋时，剑身普遍被加长到五六十厘米，以吴国、越国的最为上乘，《周礼·考工记》载："吴越之金锡，此材之美者也。"越国地区原本就有质地精良的铜、锡和非常发达的青铜冶铸技术，当今浙江著名的旅游胜地——莫干山，就是因为传说中的铸剑名师干将、莫邪夫妇曾在那里铸剑而得名。

战国初期，随着铁器的逐渐使用，青铜剑逐渐走向了衰落。人们开始广泛采用铁来制作宝剑，剑身通常长达一米，最长可达一米四左右，剑锋以及剑刃都较以前更加薄细和锋利，显得越发轻灵。除剑格得到拓展外，制造者还发明了护手，这极大地增加了剑的搏斗空间。西汉以后，铁制兵器完全取代了青铜兵器，青铜剑从此退出了历史舞台。

关 联 文 物

卧蚕纹玉剑璏　春秋晚期装饰用玉，山西省太原市金胜村赵卿墓出土，现藏山西省考古研究所。

长4、宽2.7、厚0.9厘米。玉质青褐色，局部有深褐色沁斑，半透明，有光泽。呈扁长方形，上端两角各有一个钻

孔，孔内穿三道金丝与剑鞘下端相连结。中部有两个凹坑，容纳剑鞘下端。表面饰卧蚕纹，打磨光洁。

知识 链接

　　春秋战国时期出现了不少的剑术家，也积累了一些初期的剑术理论知识。关于剑的具体招数，由于青铜薄而易折的特点，推刺和砍杀是剑术中最为主要的招法，因此古人形象地称剑术为"纵横术"。《史记》载："齐张仲、曲城侯以善击刺学用剑，立名天下。"后人因此又称剑术为"曲城之学"。

　　春秋时有著名剑术家越女。《吴越春秋》记载了"越女论剑"的故事：她是勾践时期生活在深山老林里的无名少女，从小喜欢击剑，全凭自己感悟摸索出一套独特的剑术。范蠡闻其大名，邀请她来京城担任军中武师。在进京途中遇到一位老剑客袁公，要求与越女一较高下，两人折竹枝比试，少女守三招后一招击中，袁公不敌飞身上树遁走。后来少女向勾践论剑道，提出形神相应、动静互制、长于变化、出奇制胜的剑术理论，并当场表演，果然以一当百，获勾践赏识，被封为"越女"。金庸就是以这段典故写成了小说《越女剑》。

问题 互动

你了解干将、莫邪的故事么？

（撰稿：张丽明）

玉兽面纹牌

春秋时期玉器。长7、宽7.5、厚0.2
厘米。1978年河南省淅川县下寺1号楚墓
出土。河南省文物考古研究所藏。

意趣 点击

　　此兽面纹饰玉为鸡骨白色。片状，呈倒梯形，两侧有对
称的扉棱。整块玉饰用浅浮雕刻出若干组纹饰，除下部正中
为一兽面纹外，其他部分均是左右对称的变形蟠虺纹，背面
无纹。其纯净的鸡骨白色、生动的兽面纹和繁缛的蟠虺纹，
施以浅浮雕技法，使整块玉饰显得庄严诡秘。器物背面平素
无纹。中线的上下两端各有一小圆孔，似作嵌饰用。全器雕
碾绝精，纹饰繁密、隐起，工艺起伏隐约，平添了一种神秘
的感觉，是春秋玉器工艺的典范。有学者认为器表左上角之
蟠虺纹的细部刻画未见完成，很可能是墓主猝死所致。

深度 结识

位于鄂、豫、陕三省边陲的河南淅川丹江流域是指淅川境内以及西峡、商南的汉江支流丹江和淅水流域，有着得天独厚的地理优势，开发较早，有着悠久的历史和丰厚的文化。其中楚国便是以丹江流域为起点，发展成为雄踞一方的泱泱大国。

20世纪70年代以来，考古工作者先后在丹江流域的下寺、和尚岭、徐家岭、毛坪、吉岗、太子山等地发现了数以千计的楚墓群。目前学术界已初步认定，丹江流域的龙城遗址极有可能是楚国早期都城丹阳的所在地。

在淅川楚墓出土的数以万计的楚文物中，主要是青铜器和玉器。淅川楚墓出土玉器种类繁多，有各种祭祀用的礼玉、生活用玉、装饰玉，以及丧葬玉等多种。具体类型有玉璧、玉环、玉瑗、玉牌、玉人、玉珩等数十种，这些种类基本上涵盖了春秋楚玉的全部内容。这批玉器选用的材质大部分是新疆和田玉，少部分是南阳独山玉。它们的制作技术主要采用琢磨、浅浮雕、透雕等雕刻技法。纹饰上主要运用了龙纹、云纹、兽面纹、蚕节纹、蟠螭纹等饰纹。其中下寺1号墓出土的玉牌、玉梳、玉虎、玉笄等玉器均成为这批楚玉中的极品。总之，淅川楚墓出土的玉器反映出春秋时期楚国制玉工艺的发展水平。它们是楚国上层社会生活的真实写照，它们的无穷魅力也将永远散发出夺目的光彩。

关联 文物

1、卧蚕蚊牌形玉佩　春秋晚期装饰用玉，山西省太原市金胜村赵卿墓出土。现藏陕西省考古所。长5.8、宽3.2、厚0.3厘米。玉质青白色，半透明，质地晶莹温润。扁平体，椭圆形，器身拱起作盾形，正面中部有十字脊，以隐起的直线雕成正交叉的十字宽带，把器表分成四区，每区内雕琢卧蚕纹。此器边缘除十字脊占有的部分外，均琢雕隐起的宽带纹边缘。两长边的中部均有凸出于轮廓的穿孔。

2、龙首纹玉璜　东汉装饰玉，河北省定县43号墓出土，现藏定州市博物馆。长10.5、宽2.7、厚0.3厘米。玉质青色，有褐色沁斑。器扁平透雕，两龙曲身对视，龙独角，长首，粗眉压眼。在龙身腹部两端各有一钻孔。整体边角圆润、光滑。

知 识 链 接

　　春秋战国时期青铜器上也盛行蟠螭纹和蟠虺纹。蟠螭纹指的是屈曲无角龙纹，作张口卷尾状，或双龙相交，或群龙交缠，一般龙体较大，这是区别于蟠虺纹之处；蟠虺纹则是指由许多小蛇相互缠绕而构成的图案。可见春秋战国时期龙、蛇造型都是人们喜爱的装饰，龙大蛇小已成定制。

问 题 互 动

蟠螭纹有什么主要特征？

（撰稿：张丽明）

战国奇葩——玉十六节佩饰

意趣 点击

1978年湖北省随县擂鼓墩曾侯乙墓出土了约三百余件玉器，其中此"多节龙凤纹佩饰"堪称精美绝伦之作。青白玉质，半透明，有白斑，温润光泽。整组玉佩呈长带形，由十六节组成，其主要构件有五组，分别由五块不同形状的白玉雕琢而成，并采用镂空套环榫头和铜插销等配件连接成一串，全长达48厘米，更具匠心的是琢玉者还把这些连接件设计成可拆卸的活环，四个活环可以拆开，还有八个活环不可拆卸，但可以卷折，必要时可以分成五个小型玉佩来使

玉十六节佩饰

战国早期玉器。通长48.5、宽8.5、厚0.5厘米。1978年年湖北省随县擂鼓墩曾侯乙墓出土。湖北省博物馆藏。

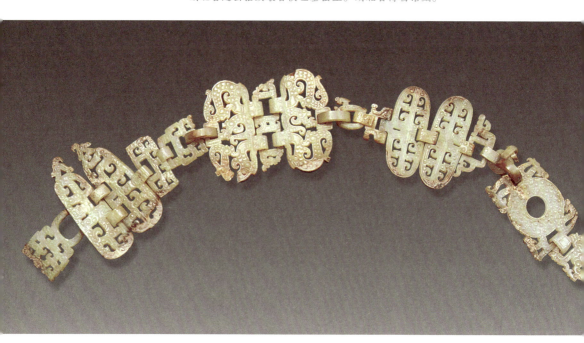

用。主体图案以龙、凤为主，雕刻技法集平雕、浮雕、透雕、阴刻、剔地、碾磨于一体，工艺复杂，它代表了战国早期琢玉工艺的最高水平，是中国玉器工艺史上的奇葩。其用途，说法不一。有人称之为佩，有人认为系冠帽下面的装饰物。尚待进一步考证。

深度 结 识

曾侯乙，姓姬名乙。战国时代曾国（今湖北随州枣阳一带)一个名叫"乙"的诸侯。他不仅是一位熟谙车战的军事家，也是一位兴趣广泛的艺术家。

曾侯乙墓出土的以编钟为代表的万件文物，以在文化艺术和科学技术上的辉煌成就而震惊世界，作为墓主人的曾侯乙也因而备受世人关注。然而曾侯乙为何许人？史籍无载。

郭沫若主编的《中国史稿》指出周朝在随国、曾国都封有同姓诸侯。1979年，在随州市郊义地岗季氏梁一座春秋中期的墓葬出土两件铭文铜戈，器主季怡为曾国公族，曾穆侯之子西宫的后人。根据铭文，季怡自称"周王孙"，证明曾侯本是周王的宗支。曾侯乙墓发掘者之一谭维四先生据此推断，曾国为姬姓封国，作为其国君的曾侯乙与周天子同姓毋庸置疑。

曾侯乙墓万件文物中以车马兵器最多，其种类之全、数量之众、综合功能之强，前所未见。其中远射兵器居多，长杆兵器尤为特殊，且有极为罕见的矛状车軎（wèi），这些都是用于车战的武器装备，说明曾侯乙是一位擅长车战的军事家和指挥官。

曾侯乙墓随葬数量庞大的乐器，钟磬铭文中有大量乐理乐律铭文，显示了曾侯乙生前对于乐器制造与音律研究的重视程度。墓内还有大量铸造极精的青铜器珍品，及绘画、雕塑艺术、书法精品，并且大量文物并非冥器，而是曾侯乙生前所用之物，多为他亲自督造，说明他兴趣广泛，具有多方面的才华和较高的艺术鉴赏力。

知识链接

举世闻名的湖北曾侯乙墓出土的编钟，是迄今发现的最完整最大的一套青铜编钟。也是我国古代最庞大的组乐器。

钟在我国商朝时就已出现，最初只有3~5枚，到周朝增到9~13枚，战国时发展成61枚。人们按钟的大小、音律、音高把钟编成组，制成编钟，演奏悠扬悦耳的乐曲。曾侯乙编钟共65枚，其中一枚是战国时楚惠王赠送的镈。编钟分八组，共分三层悬挂在铜、木做成的钟架上。它们的形体和重量是上层最小，中层次之，下层最大。最小的一件重2.4公斤，高20.2厘米；最大的一件重203.6公斤，高153.4厘米。它们的总重量在2500公斤以上。钟架通长11.83米；高达2.73米。由六个佩剑的青铜武士和几根圆柱承托着。气魄宏大，场面相当壮观。曾侯乙墓编钟的出土引起国内外的重视，被认为是世界音乐史上的重大发现。

钟上大多刻有铭文，上层19枚钟的铭文较少，只标有音名，中下层45枚钟上不仅标有音名，还有较长的乐律铭文，详细地记载着该钟的律名、阶名和变化音名等。这些铭文，便于人们敲击演奏。曾侯乙编钟音域宽广，有五个八度，比现代钢琴只少一个八度。钟的音色优美，音质纯正，基调与现代的C大调相同。考古工作者与文艺工作者合作探索，用此钟演奏出各种中外名曲，无不惊叹。

问题互动

曾侯乙墓出了哪些重要文物？

（撰稿：张丽明）

鲁玉带钩——龙首玉带钩

带钩，是我国古代扣接束腰革带及别在腰带上悬挂囊物、装饰品的钩，也是寺庙和尚用于袈裟环上的钩。多用青铜铸造，也有由黄金、白银、铁、玉等材质制成。带钩发展到战国时期已经是集实用性、装饰性、工艺性于一体，为古代贵族、官僚以及文人武士日常生活不可缺少的用具，可反映一个人的身份、地位。战国时期，随着带钩的大量使用，玉带钩的形制确立，从钩首、钩体到钩钮，一般都仿照铜带钩的样式。玉带钩的类型多为素

龙首玉带钩

战国晚期。长8.6、宽6.8厘米。山东省曲阜县鲁国故城58号墓。曲阜孔庙文物档案馆藏。

方体形和饰有勾云纹等几何形纹饰的琵琶形，钩体较小。一般制作比较简练，钩首多数比较短小，有素首、龙首、兽首、禽兽等。有方形钮或圆形钮，钩身和钩钮等宽。少数牌形钩制作精致，采用了透雕工艺，这样的带钩为社会上层所拥有。

此玉带钩即为牌形玉带钩，玉质黄色，有褐色浸斑，半透明，有光泽。钩头雕成龙头形，钩身为一卷眉兽面，外缘向内卷曲。钩表面碾琢卷云纹、平行线纹等多种纹样。整体构图奇特，颇有狰狞、威慑之感。此牌形玉钩，虽然钩体并不大，但采用了镂雕工艺，制作非常精致，为诸侯王一级所拥有的名贵玉钩。带钩出土于墓主人腰部，应为生前的实用之物。

深度 结识

"带钩"的全称，似始于《史记·齐太公世家》记载："使管仲别将兵遮莒道，射中小白带钩。……桓公中钩佯死，以误管仲。"这说的是管仲箭射齐桓公之事，也是春秋史上的一件大事。

春秋时期齐国国君齐襄公有两个兄弟，公子纠和公子小白，由于当时齐国发生了一系列的大事，为了躲避可能的殃害，两公子纷纷避难他国。公子纠投奔了鲁国(都城在今山东曲阜)，公子小白投奔于莒(jǔ)国(都城在今山东莒县)。两个人身边都各自有人辅佐，公子纠有管仲，公子小白有鲍叔牙。不久，齐国发生政变，齐襄公被杀。公子小白和公子纠得知消息后，分别由他们所居的国家派遣军队，护送他们回国。两兄弟谁先回到齐国，谁就能成为国君。在公子小白回齐国的路上，管仲早就派好人马拦截他。管仲拈弓搭箭，对准小白射去，只见小白中箭倒下。管仲见小白已死，回马护卫他的主子去了。不曾想小白并没有被射死，管仲那一箭射中了他腰间的带钩。等到公子纠和管仲进入齐国国境，小白和鲍叔牙早已抄小道抢先回到了国都临淄，小白当上了齐国国君，即齐桓公。

齐桓公即位以后，要封鲍叔牙为相，鲍叔牙却向齐桓公极力推荐管仲，他对齐桓公说："管仲之才，胜我百倍，君若欲大展宏图，非管仲莫属。"齐桓公也知道管仲是旷世奇才，又见鲍叔牙竭诚推荐，于是决定捐弃前嫌，重用管仲。管仲不负众望，成就了齐桓公的霸业。

史书上的故事让我们相信一枚带钩谱写了一段历史。如果不是那一枚小小的带钩挽救了齐桓公的性命，也许齐国乃至春秋的历史都得重新改写！

此玉带钩出土于山东曲阜鲁国故城，而史书上讲到的管仲箭射齐桓公之事中，管仲与公子纠当时投奔的也是今天曲阜境内的鲁国。

"曲阜"的名字的由何而来？这与一座城池有关。"曲阜"之名最早见于《礼记》，东汉应劭解释道"城中有阜，委曲长七八里，故名曲阜"。这座城就是鲁国故城。三千年的沧海桑田，城与阜都模糊了，现在的我们仅能从古老的断垣残壁和新旧参半的修复之中想象它当初的辉煌。

曲阜鲁国故城是周代鲁国的都城，是周王朝各诸侯国中延续时间最长的都城。在西周初年，周武王封周公旦于鲁，是为"鲁公"。成王时周公之子伯禽代父就封，在这里建立了都城，自此至鲁顷公亡国止，共历三十四代，建都时间达873年。

西汉的三百余年间，这里继续是鲁国的封地。故城从西周到汉代共经过八次大规模的兴建修葺，后为县治。宋代迁县治于寿丘，城逐渐毁废。1940年日本人曾对故城遗址进行过勘查和小规模的发掘。1977～1978年山东省博物馆又进行全面勘查和发掘，揭示了故城的概貌。

中国有句古话叫"江南出才子，江北出圣人"，实际上，江北的圣人几乎全出自曲阜。在中国封建时代，受到皇帝赐封的圣人一共有六位，他们分别是至圣孔子、亚圣孟子、复圣颜子、述圣子思、宗圣曾子、元圣周公，头四位都出生在曲阜，后两位一位是孔子的弟子，一位是封地在曲阜，周公的后世33代曾在鲁国为国君，至今山东称鲁，即起于此。

问题 互动

您了解"曲阜"名字的由来么？

（撰稿：张丽明）

佩玉示君——

组玉佩

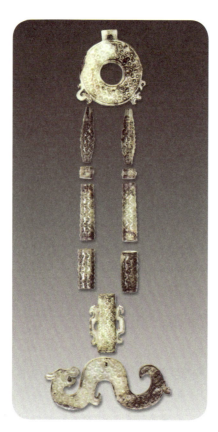

组玉佩

战国早期玉器。此套组玉佩由一件玉璧，9件玉管，1件玉龙形饰组成。曲阜文物管理委员会藏。

由于社会的变革，战国时期玉质礼器逐渐衰落，代之而兴的是精美绝伦的馈赠玉和装饰性极强的组玉佩。战国时的组玉佩，不仅是用来表示人的身份等级，而且还用来表示人的思想品德，约束人的行为。

此组玉佩由1件玉璧、9件玉管、1件玉龙形饰组成。青白玉质，有黑褐色沁斑，半透明，有光泽。玉璧位于最上方，上部有一方形齿凸，用于系佩，下部外缘左右透雕凤纹装饰，璧上碾琢谷纹。璧下是8件玉管分两行对称排列，管上装饰谷纹。其下是1件玉管，玉管两侧各透雕一条龙形饰，龙独角、张口、回首、曲身、卷尾，满饰谷纹，背部穿一孔。此组玉佩组合工整对称，各个玉质构件碾琢精致，是战国时期组玉佩中的精品。

深度结识

有学者认为，组玉佩佩系方式的改变，可能是两周时期服饰的改变而导致的。春秋中期以前，因流行上衣下裳的服饰，腰带上则系有"蔽前"的市，故组玉佩佩于颈部；春秋晚期以后，随着深衣的流行和市的衰落，组玉佩就下移至腰带而取代了市的位置。

上衣下裳是中国最早的服装形制之一。古代文献以及出土的人形陶器证明，上衣下裳的服装形制最迟在商代就已经形成。上衣下裳制的服装在后来又被称为"短打"。因为其便于劳作，多为劳动人民所穿。

深衣是春秋战国之际新出现的服式，是直筒式的长衫，把衣、裳连在一起包住身子，分开裁但是上下缝合，因为"被体深邃"，因而得名。此前的服装形式则以上衣下裳制为主。"深衣"名词来源于先秦经典《礼记》，狭义概念上是一种特定服饰款式的名称，其上衣、下裳分开裁剪并缝合到一起，并有一定的制作规范。按《礼记·玉藻》记载，为古代诸侯、大夫等阶层的家居便服，也是庶人百姓的礼服。广义上的深衣概念指的是所有符合"被体深邃"特点的汉族传统服饰，亦俗称"袍服"。

知识链接

以孔子为代表的儒家思想主张"君子比德于玉"，后世更有人提出玉含有仁、智、义、礼、乐、忠、信、天、地、德、道等十一德。

将君子、玉、德三者联系在一起。要求君子时时佩玉，并用玉的品性要求自己，表现人的精神世界和自我修养。

《礼记·聘义》中孔子曾和子贡有一段对话，概括了当时人们对玉的认识："子贡问于孔子曰：'敢问君子贵玉而贱珉，何也？为玉之寡而珉之多欤？'孔子曰："非为玉之寡，故贵之；珉之多，故贱之。夫昔者君子比德于玉，温润而泽，仁也；缜密以栗，智也；廉而不刿，义也；垂之如坠，礼也；叩之其声清越而长，其终则诎然乐矣；瑕不掩瑜，瑜不掩瑕，忠也；孚尹旁达，信也；气如白虹，天也；精神见于山川，地也；珪璋特达，德也；天下莫不贵者，道也。《诗》云：'言念君子，温其如玉。'故君子贵之也。"

由此可见"古之君子必佩玉"，"君子无故，玉不去身"已成为这一时期用玉制度的典型特征。

问 题 互 动

为何说"古之君子必佩玉"？

（撰稿：张丽明）

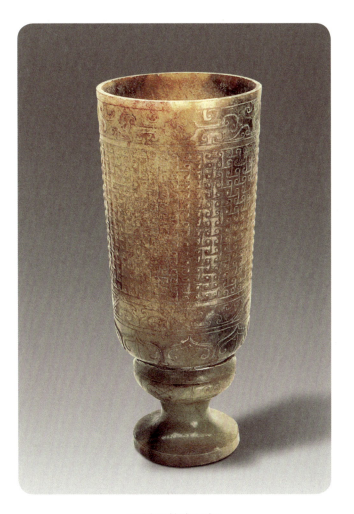

玉卧蚕纹高足杯

秦代玉器。高14.5、口径6.4、足径4.5厘米。1976年陕西西安市阿房宫遗址内出土。陕西省西安市文物局藏。

意趣 点击

秦代玉器存世不多，以往仅从一些文字资料中略知一二，如传国玉玺的记载。值得高兴的是，近年来，在陕西秦代墓葬和遗址中发掘出一批秦代玉器，其中就有男女玉人、玉高足杯、玉具剑饰物等。尤引人注意的是玉高足杯，证实了这种玉高足杯的最早制品出现在秦代。

此高足杯为和田青玉所制，质地优良，表面附有赤褐色沁。杯直口深腹，下有束腰高足。足底部碾琢成喇叭口状。腹外壁分四层纹饰：口为剔地涡卷带纹；身琢勾连卧蚕纹；高足上部有五组阴线"S"状交叉纹。碾琢精细，完整无损，目前已知秦代高足杯仅此一件。此杯器形规整、雕琢精细，气派、庄重，为秦代玉器中的精品。

深度结识

秦始皇（公元前259～前210年）在消灭六国统一全国以后，在都城咸阳大兴土木，建宫筑殿，其中所建宫殿中规模最大的就是阿房宫。据《史记·秦始皇本纪》记载，秦始皇三十五年(公元前212年)，秦始皇认为都城咸阳人太多，而先王的皇宫又小，下令在故周都城丰、镐之间渭河以南的皇家园林上林苑中，仿集天下的建筑之精英灵秀，营造一座新朝宫。这座朝宫便是后来被称为阿房宫的著名宫殿。

由于工程浩大，秦始皇在位时只建了一座前殿。据《史记·秦始皇本纪》记载："前殿阿房东西五百步，南北五十丈，上可以坐万人，下可以建五丈旗，周驰为阁道，自殿下直抵南山，表南山之巅以为阙，为复道，自阿房渡渭，属之咸阳。"秦代一步合六尺，三百步为一里，秦尺约0.23米。如此算来，阿房宫的前殿东西宽690米，南北深115米，占地面积8万平方米，容纳万人自然绰绰有余了。其规模之大，劳民伤财之巨，可以想见。工程未完成秦始皇死了，秦二世胡亥调修建阿房宫工匠去修建秦始皇陵，后继续修建阿房宫，但秦王朝很快就垮台了。如今在陕西西安西郊三桥镇以南，东起巨家庄，西至古城村，还保存着面积约六十万平方米的阿房宫遗址。

关于和氏璧的最早记载，见于《韩非子》、《新序》等书。说是在春秋时期，楚国有一个叫卞和的琢玉能手，在荆山（今湖北省南漳县内）里得到一块璞玉。卞和捧着璞玉去见楚厉王，厉王不识，以欺君之罪斩了卞和的左脚。厉王死，楚武王即位，卞和再次捧着璞玉去见武王，武王仍旧不识，卞和因此又失去了右脚。武王死，楚文王即位，卞和抱着璞玉在楚山下痛哭了三天三夜，惊动了周围百姓。楚文王问明原委，命人剖开这块璞玉，得见稀世珍玉，命名为和氏璧。后为赵惠文王所得。秦惠王得知，修书愿以十五城交换和氏璧。赵王不得已派蔺相如赴秦送璧。结果蔺（lìn）相如凭借其过人的胆识，成功地挫败了秦王强取和氏璧的阴谋，完璧归赵。成语"价值连城"、"完璧归赵"和"怒发冲冠"皆源出于此。但后来，和氏璧终于还是被秦始皇掠得，雕刻成了传国玉玺，变成了更加令群雄觊觎的无上国宝。几经战乱，至五代时不知所终。

问 题 互 动

您知道"怒发冲冠"的故事么？

（撰稿：张丽明）

吕后玉玺——皇后之玺

玉"皇后之玺"

　　西汉玉器。高2厘米，印面长、宽各2.8厘米。1968年陕西省咸阳市韩家湾狼家沟出土。陕西省历史博物馆藏。

意趣 点 击

　　在中国，玉玺的历史可以追溯到秦朝。秦始皇统一中国后，为体现皇权至尊的无上权力，规定只有皇帝、皇后的印章可以称玺。玉玺造型的不同，体现了拥有者的身份和地位。中国历代皇帝、皇后都拥有自己的玉玺，可是，真正保存下来的并不多。在现存的玉玺中，有一枚异常珍贵，它便是目前发现的中国最早的皇后玉玺——吕后玉玺，距今已有2000多年的历史，可以说是瑰宝中的瑰宝了。

皇后之玺2.8厘米见方，通高2厘米，以和田白玉制成，精美灵秀。在中国传统文化中，玉被古人推崇备至，正所谓"金石有价，玉无价"。而和田白玉如凝脂般温润晶莹，更是玉中极品。 皇后之玺的玺钮为螭虎形，螭，是龙的一种，代表着真龙天子；虎为百兽之长，"取其威猛以执状"。玺体四侧刻云纹，下面玺文为阴刻篆书"皇后之玺"四字。 从外形和做工上看，这枚皇后之玺远远超过出土的其他汉代玉玺，更值得一提的是，它的主人就是我国历史上第一位垂帘听政的皇后——吕后。

据《汉旧仪》载："皇后玉玺，文与帝同，皇后之玺，金螭虎钮。"而韩家湾发现的"皇后之玺"在吕后与刘邦合葬的封土之西约一公里的陵园之内，其形制、式样、印文内容及字数均与《汉官旧仪》所载相符，一般都认为此为吕后之玺。也有些学者根据印文篆体及印面设计，推断其时代属文景至西汉中后期。

深 度 结 识

吕雉（公元前241～前180年），字娥姁（xū），单父（今山东单县）人，吕文的长女、汉高祖刘邦的皇后，中国历史上第一个执权的女性。从小就美丽聪慧，以果断和狠毒著称。

汉初，刘邦宠信戚姬，有废掉吕后另立新后的想法，吕后为了保住其皇后宝座，将皇后宝玺掌握手中，想了种种计策。当时，骁勇善战的韩信是刘邦的心腹大患，因为刘邦曾与韩信有约：见天不杀、见地不杀、见铁器不杀。所以刘邦一直拿韩信没有办法。吕后决定诛杀韩信，以此来树立自己的威望，使群臣慑服。吕后设计将韩信骗到宫中，命人用布将其兜起来，用竹签刺杀了韩信，从此吕后的地位更加不可动摇。

知 识 链 接

在漫漫的岁月尘埃中，这枚皇后之玺是如何被发现的呢？

1968年9月的一天傍晚，咸阳市区东北30多公里韩家湾，14岁学生孔忠良放学回家，他沿着渭惠渠边的路走到狼家沟，无意中看见渠南边的土坎上有个东西在夕阳斜照下闪闪发光，开始他以为是只躲在草丛中的小兔子，就好奇地走近一看，并没什么小兔子，发现有个亮晶晶的东西在闪光。于是他便用手把它刨挖了出来。

擦去上面的泥土，发现是一块光亮的玉石。玉石的上部趴着一个动物，下面四四方方的，好像刻着字，可是他一个字也认不出来。到家后，和哥哥研究半天，觉得可能是颗印章。父亲孔祥发得知后，便仔细问明了印章的来由，意识到这颗印章可能是文物。第二天他直接找到陕西省博物馆，请他们对玉玺鉴定。经考证，玉玺主人就是汉高祖刘邦的皇后吕雉。有的专家认为，它可能原来是吕后墓旁便殿中供祭祀用的，后来便殿毁败，玉玺遗落土中，被水冲到了狼家沟。

问 题 互 动

汉代开国大将军韩信是怎么死的？

（撰稿：张丽明）

意 趣 点 击

　　受黄老之学的影响，汉人尤其是统治阶级不但企望长生不老、羽化登仙，而且即便死后也希望尸体不朽，灵魂不灭，因此，汉代王侯不惜工本，专门为死者做了大量的敛尸玉。敛尸玉的品种主要有玉衣、玉塞、玉琀（hán）、玉握、玉棺等。玉衣是汉代皇帝和高级贵族的殓服，按等级分为金缕、银缕、铜缕三等。金缕玉衣是汉代规格最高的丧葬殓服，大致出现在西汉文景时期。

　　我国目前已经出土玉衣的西汉墓葬共有18座，而金缕衣墓只有8座。其中最具代表性的是河北满城一号墓出土中山

金缕玉衣

　　西汉玉器。通长188、宽45厘米。1968年河北满城县陵山刘胜墓出土。河北省博物馆藏。

靖王刘胜的金缕玉衣。从外观上看"玉衣"的形状和人体几乎一模一样。可分为头罩、上衣、裤筒、鞋套等12部分。整套"玉衣"形体肥大，披金挂玉，全长1.88米，共用玉片2498片，金丝约1100克。玉片的角上穿孔，用黄金制成的丝缕把它们编缀起来，故称"金缕玉衣"。由上百个工匠花了两年多的时间完成。整件玉衣设计精巧，做工细致，是旷世难得的艺术瑰宝。1968年，这件金缕玉衣出土时，轰动了国内外的考古界。

深 度 结 识

在2000多年前的西汉时代，根据当时的生产水平，制作一套"金缕玉衣"是十分不易的。由于金缕玉衣象征着帝王贵族的身份，有非常严格的工艺要求，汉代的王侯贵族还设立了专门从事玉衣制作的"东园"。这里的工匠对大量的玉片进行选料、钻孔、抛光等十多道工序的加工，并把玉片按照人体不同的部分设计成不同的大小和形状，编缀玉片还需要许多特制的金丝。据推算，汉代制作一件玉衣，约需一名玉工花费十年的功夫，所需的费用几乎相当于当时一百户中等人家的家产总和，由此可见，制成一套"金缕玉衣"所花费的人力和物力，是十分惊人的。

穷奢极欲的皇室贵族，迷信"玉能寒尸"。为使其尸体不朽，他们用昂贵的玉衣作殓服，且使用九窍器塞其九窍，可谓费尽心机。但结果适得其反，由于金缕衣价格昂贵，反而招来盗墓毁尸的厄运，许多汉王帝陵往往因此而多次被盗。以致"汉氏诸陵无不盗掘，乃至烧取玉匣金缕，骸骨并尽"。其实，即使那些盗墓贼没有光临，当考古工作者打开那神秘的洞室时，企求"金身不败"的墓主人已化作一捧泥土，剩下的也就是一具精美绝伦的玉衣了。这些仿佛向人们讲述了一个千百年来破灭的神话。到三国时期，崇尚薄葬，魏文帝曹丕下令禁止使用玉衣，从此玉衣在中国历史上便消失了。

知 识 链 接

刘胜，汉景帝刘启的第九个儿子。历史上的刘胜是个风流才子，广纳妃嫔，生育了众多子女，儿子多达120余人，真可谓空前绝后。刘胜后人，最著名的便是三国蜀汉皇帝刘备。

公元前113年2月，统治中山国达42年之久的靖王刘胜死去，关于他的一生值得称道的地方不多，而两千多年后的人们却对他的陵墓津津乐道。1968年中山靖王刘胜墓及王后窦绾墓在河北省满城县被发掘，遗物众多，其中包括"金缕玉衣"、"长信宫灯"、"错金博山炉"等著名文物。其出土文物还创造多项全国之最：金针、银针、"医工盆"、铜药匙、药量、铜质手术刀等，是一整套质地最好、时代最早、保存最完整的西汉医疗器具；计时器铜漏壶，是迄今出土的年代最早的一个古代天文学器物；一个由石磨和大型铜漏斗组成的铜、石复合磨，是我国至今所见体积最大、时代最早、设计科学、构思奇妙的铜石复合粮食加工工具；500多件兵器中，有我国最早采用刃部淬火新工艺的铁剑，而刘胜的铁铠甲，也是迄今考古发掘中所见到的保存最完整的西汉铁甲；一件玻璃盘和两件玻璃耳杯是迄今考古发现最早的国产玻璃容器。

问 题 互 动

金缕玉衣的主人是谁？

（撰稿：张丽明）

羽化登仙——玉仙人奔马

玉仙人奔马

西汉玉器。高7、长8.9厘米。1966年陕西省咸阳市新庄汉元帝渭陵西北汉代遗址出土。陕西省咸阳市博物馆藏。

意趣点击

　　道家到了汉代，逐渐与巫术、占卜等活动合流，产生了道教。道教是根植于中国传统文化的一种宗教，它将原始社会的自然崇拜和巫术中的诸神，均加以吸收。尤其是汉代神仙家所宣扬的得道升仙的学说，是道教的信仰核心。羽化升仙、骑龙升仙等，都是神仙学转化而来的。道教认为，仙人是长生不死，在天空逍遥遨游的超人。他们不但神通广大，而且还可以用不死药超度世人。在汉代玉器中，仙人世界成为具有时代特征的艺术主题。

　　1966年陕西渭陵附近出土的白玉仙人奔马，就是一件反映神仙思想的玉器作品。全器由一块上乘的新疆和田白玉圆雕而成。马的造型基本写实，昂首张口，竖耳挺胸，飞翼扬鬃，四蹄高抬，仿佛遨游于太空之中。被称为仙人的骑者，头系羽巾，身着短衫，右手持灵芝仙草。马下底座，线刻云纹图案。象征着仙人骑着马似正欲追寻极乐天国的动人景象，充满奇幻妙玄的浪漫气息。特别是仙人手中的灵芝仙草，应是首次进入艺术画面的植物纹样。它既是开创了植物装饰的写实风格，同时也说明了中国的传说故事中作为起死回生的灵芝仙草，在西汉已经出现。至于古代文献中所记述的"长生不死药"，很可能就是灵芝。

 深 度 结 识

汉代玉器可分为葬玉、礼玉、饰玉、陈设玉四大类，最能体现汉代玉器特色和雕琢工艺水平的，是葬玉和陈设玉。陈设玉是一种供人欣赏且具有一定象征意义的玉制艺术品，多圆雕而成。其出土数量虽少，但却是反映了西汉玉器卓越的工艺成就。目前发现的有汉元帝渭陵附近出土的玉鹰、玉熊、玉辟邪、玉仙人奔马，红土山汉墓出土的玉马，满城汉墓出土的玉人，陕西蒲城县贾西乡出土的玉牛等。

从这些玉器中，我们可以强烈地感受楚文化的风格特征。这与汉初皇室崇尚楚文化有关，汉朝开国皇帝刘邦在楚文化的背景中长大的，楚汉战争时，刘邦在垓下兵围项羽，汉兵皆可吟唱楚歌。这种风气很自然地会影响到新建汉王朝的艺术风格。

楚文化特色最突出的玉器作品要数这件玉仙人奔马，飞马足踏白云的意象反映出深受黄老思想影响的汉人希望摆脱现实羁绊和羽化登仙的渴望。以单纯、夸张、简洁的风格体现出汉代艺术飞扬流动的艺术风貌。另外，形状怪异的玉辟邪、玉镇兽也都体现了楚人的丰富想象和浪漫情怀。可见，汉代玉器一方面继承了前代玉器的传统，另一方面在富有想象力的楚文化的影响下，其造型和纹饰更为生动、奇特、优美，形成雄伟奇特、恢宏壮美的艺术特色。

知识链接

"玉仙人奔马"出土于咸阳汉元帝渭陵附近。说到汉元帝刘奭（bì），就需要提起历史上著名的"昭君出塞"了。因为这有"落雁"美誉的四大美女之一王昭君，就是从刘奭当皇帝的汉长安城皇宫出塞和亲的。

公元前54年，匈奴呼韩邪单于被他哥哥郅支单于打败，南迁至长城外的光禄塞下，同西汉结好，并向汉元帝请求和亲。元帝决定挑选一个才貌双全的宫女作为公主，嫁给呼韩邪单于。王昭君主动"请行"，和呼韩邪单于成了亲。

临回匈奴前，汉元帝才见到了美丽动人的王昭君，想将她留下，但为时已晚。据说汉元帝回到内宫，越想越懊恼，便再拿出昭君画像来看，发现根本没有昭君本人那么美丽。原来宫女进宫后，一般都见不到皇帝本人，都是由画工画好像，送至皇帝处，听候挑选。有个叫毛延寿的画工给宫女画像时，宫女们只要送礼物给他，他就画得美一点，王昭君没有送礼，毛延寿便没有把王昭君的美貌如实地画出来。汉元帝一气之下，把毛延寿杀了。

王昭君来到匈奴，做了呼韩邪单于的阏氏，和匈奴人相处融洽。匈奴人都喜欢她，尊敬她。她一面劝单于不要打仗，一面把中原的文化传给匈奴，使匈奴和汉朝和睦相处了60年。昭君死后葬在匈奴人控制的大青山，匈奴人民为她修了坟墓，并奉为神仙。昭君墓即青冢。

问题互动

玉奔马有何寓意？

（撰稿：张丽明）

玉刚卯、严卯

东汉玉器。长2.2厘米，宽、厚均1厘米。1972年安徽省亳（bó）州市凤凰台一号东汉墓出土。安徽省亳州市博物馆藏。

玉刚卯仅流行于两汉时期，是汉代人佩戴于身借以驱逐鬼疫、压胜辟邪的吉祥物，是一种方柱形的小玉件，长不过寸许，自顶至底的中间有通心穿孔，四面没有纹饰但有铭文，一般琢有四言诗两句，字体是秦书八体之一的"殳书"，内容为避逐疫鬼之辞。玉严卯与玉刚卯在形状和用途上没有区别，只是铭文内容不同而已。

亳县刚卯、严卯为和田白玉，质地优良。两者大小形制相同，呈长方体，四面刻文字。刚卯全文是："正月刚卯既央，灵殳四方，赤青黄白，四色是当。帝令祝融，以教夔龙。庶蠖刚瘅，莫我敢当。"共34个字。制作刚卯、严卯，必须在新年正月卯日卯时动刀，时辰一过，即要停止，故曰"正月刚卯"。"灵殳四方"是讲该器之形。"赤青白黄，四色是当"意思为四种颜色代表四方，只要佩挂此物，就挡住了所有牛鬼蛇神的侵犯。而"帝令祝融，以教夔龙"，则是告诉佩挂者：天帝已让火神警告夔龙不可作恶、不可食人了，违者即被烧死。"庶疫刚瘅，莫我敢当"是说老百姓的疾病，因为有刚卯在身，也被通通挡住。严卯的全文是："疾日严卯，帝令夔化，慎尔固伏，化兹灵殳。既正既直，既觚既方，赤疫刚瘅，莫我敢当。"共32个字。铭文与刚卯稍有差别，但也是用来辟邪祝福的。刚卯与严卯有如此"神效"，所以在汉代，就成为人人喜爱佩戴的玉饰。有学者认为：佩带刚卯、严卯之俗，与汉人于五月五日佩五彩丝缕于臂上，以"辟兵及鬼，令人不病"的礼俗有关。

深度 结识

从文献中可知，刚卯可能兴起于西汉中期，王莽时，因其是颂扬刘姓天下的，"劉"（刘）字拆成"卯、金、刀"，刚卯曾一度被禁。东汉刘家再度掌权，当时统治者又提倡谶纬神学，因此刚卯开始流行，并发展成为国家定制，凡着朝服，必须佩带。只是目前出土者均为东汉时刚卯，西汉的还未发现。

《后汉书·舆服下》："佩双印，长寸二分，方六分。乘舆、诸侯王、公、列侯以白玉，中二千石以下至四百石皆以黑犀，二百石以至私学弟子皆以象牙。上合丝，乘舆以滕贯白珠，赤罽（jì）蕤（ruí），诸侯王以下以緺（hù）赤丝蕤，滕（téng）緺各如其印质。"这里佩"双印"可能是"双卯"误写。从文献也可看出，刚卯质地多样，所用质料也因佩带者身份不同而不同，有玉、金、桃木、黑犀、象牙等，目前金属刚卯还未见，黑犀、象牙、木质刚卯又易腐烂，故基本不见，据说居延汉简中，有两个桃木刚卯，其上文字与玉刚卯相似，但因未见报告，不能证实，现在考古发现者均为玉质刚卯。

汉代以后，佩戴玉刚卯的习俗逐渐被人们摒弃，但仿制者众，以明代仿制之风最盛。刚卯的字体为古代殳书，减笔假借，非常难认。也有的刚卯，用汉隶或小篆，一般认为凡字体清朗可读者，皆后人伪刻。1985年上海浦东明代陆氏墓曾出土了三件玉刚卯，尽管形制相同，却有真伪之别。其发掘报告中指出："这次出土的三件刚卯，虽均为篆体，但形体和运笔不同。其中二件是规正的小篆体，另一件笔画草率，字形方折，而且复笔有毛道，与亳县汉墓出土的刚卯有相似之处……为此，我们认为，铭刻标准小篆体的刚卯时后仿制的伪品，而刻工草率急就的，当是汉代遗物。"对于传世品，我们更要慎重对待，除了看玉质之外，主要的应是仔细观察文字的刻划变化。

知识链接

汉代玉器制作，重视质地的选择，尤其崇尚羊脂白玉。和田玉的颜色主要有白、黄、青、墨四种。白玉为上等玉材，最名贵者色似羊脂，质地细腻光润，称"羊脂玉"。

共工触不周山，天为之倾，女娲采五色石补之。古代的神话传说往往有着惊人的"预见"性。我们不妨把共工的壮举视为上亿年前喜马拉雅山的造山运动。神话中所讲的不周山也就是我们所说的昆仑山。昆仑山，也许是我国名山大川中最神秘的地方，早在远古时期，昆仑山就被人们视为"万山之祖"，称其为"唯天下之良山，宝玉之所在"，所产玉料就是著名的"和田玉"。和田，古称于阗，汉唐时期丝绸之路西域南道上的重要国家。在今天和田市的东、西两面各有一条河流，分别称玉龙喀什河和喀拉喀什河。它们从昆仑山蜿蜒而下，在和田北面汇合为和田河，注入塔克拉玛干沙漠。这两条河以出产优质的和田玉料而闻名天下，其开产历史最早见于汉代文献。

玉龙喀什河又称"白玉河"，多产白玉，特别是极品白玉"羊脂玉"；而喀拉喀什河则多出墨玉，称"墨玉河"。白玉河所产之玉，正如清代陈性《玉纪》评价那样："其玉体如凝脂，精光内蕴，厚质温润，脉理坚密，声音洪亮。"由于自古至今人们对白玉的喜爱和追求，遂使白玉河成为数千年来采玉最重要的地方。

问题互动

什么是压胜？

（撰稿：张丽明）

意趣 点击

此玉舞人表面已呈鸡骨白色。圆雕。舞人跽坐，长袖飘举，翩翩起舞。舞人头后侧梳一螺髻。整器雕工精细，姿态生动，为汉代出土玉舞人中首见的圆雕作品。

深度 结识

以玉舞人作为佩玉的习俗，据已发表的资料，最早见于战国时期，流行于两汉。东汉以后，这种玉舞人的形象便少

玉舞人

西汉玉器。高3.5、宽3.5、厚1厘米。1983年广东省广州市南越王墓出土。广东省广州市西汉南越王墓博物馆藏。

南越舞女——玉舞人

见乃至绝灭。可以说，工舞人是战国至两汉时玉器的一个典型品类。

玉舞人皆为长袖折腰翩翩起舞的女性，是典型的专业舞蹈伎人。从夏商开始，女乐表演就已经成为宫廷享乐的主要形式。到了汉代，上至宫廷，下至诸侯富商，蓄养女乐的情况极为普遍，女乐多少甚至成为权势的象征。玉舞人多出土于诸侯亲属等墓葬之中，正是明证。

同时，社会上还出现了专门培训女乐的机构，早年长沙汉墓出土的一件漆卮上的彩画，真实描绘了当时贵族之家训练舞伎的生动情景，她们所跳的舞蹈有"袖舞"、"七盘舞"、"巾舞"等，玉舞人便是取材于这些舞蹈的造型。尽管女乐们的社会地位卑下，但她们高超的舞技却极大地推动了中国当代舞蹈艺术的繁荣。且看那一个个转动着的玉舞人，长袖飘拂，细腰轻扭，秀裙曳地，五官清秀，把那且歌且舞时最传神的一瞬间，定格在一块灵巧的美玉之上，再现了汉代舞蹈艺术的神韵。制玉大师们的审美情趣和神奇技艺，令人惊叹不已。

知 识 链 接

舞蹈是人类最早的艺术形式之一，它的内涵和功能随着时代的不同而发展变化。我们在殷商甲骨文中便见到了"舞"这个最早的文字，它描绘出一人双手执牛尾和鸟羽而舞的形象。青海出土的马家窑类型舞蹈纹彩陶盆，则再现了早期集体舞蹈的风采。西周初期制定的雅乐体系，标志着乐舞文化进入了成熟期。春秋战国时，诸侯征战，"礼崩乐坏"，民间舞蹈蓬勃兴起，表演性舞蹈有了新的发展。大批专业歌舞艺人的出现，成了推动当时歌舞艺术发展的重要力量。统治阶级对声色享乐的追求是这支队伍存在和壮大的主要原因。著名的"楚舞"以细腰为美，细腰一时成为审美的时尚，以致出现了"楚灵王好细腰，国中多饿人"的众人饿饭减肥的现象。这种审美观一直延续至汉代，纤瘦苗条是汉代妇女对美的追求。

汉代留下了许多杰出舞蹈艺人的姓名。其中最著名的，当推舞技出神入化的赵飞燕了。传说她"身轻若燕，能作掌上舞"。除赵飞燕外，高祖的宠姬戚夫人"善为翘袖折腰之舞，歌出塞入塞望归之曲"；武帝宠爱的李夫人"妙丽善舞"等，都是名噪一时的舞蹈家。由此也不难推断玉舞人在汉代广为流行的原因了。

统治阶级上层对歌舞的爱好和支持是汉代舞蹈繁荣兴盛的一个重要原因。史籍记载，高祖刘邦在平定了淮南王英布叛乱之后的返回途中，于其老家的沛宫设宴，召集乡亲们饮酒，并亲自击筑，高唱他本人创作的《大风歌》。在歌唱中起身舞蹈，慷慨抒怀，还激动地流下了眼泪。皇室亲王们对歌舞的迷恋，后妃们本身便是舞蹈高手，这些对汉代舞蹈无疑起到了巨大的促进作用。

问题 互动

从长沙汉墓中可以知道当时流行哪些舞蹈？

（撰稿：张丽明）

辟邪形玉瓶

东汉玉器。高6.8、宽6、厚4.5厘米。江苏省扬州市邗
（hán）江区甘泉老虎墩东汉墓出土。扬州博物馆藏。

意趣 点 击

　　此辟邪形玉瓶新疆和田白玉质。造型以一辟邪作跪坐
状，圆睁双目，张口露齿，舌尖上卷。右手托灵芝仙草，左
手垂地，身披飞翼，中部镂空，头顶开圆口，上置环钮银
盖。辟邪身饰朵云纹、圆圈纹、鳞片纹，集圆雕、镂空、浮
雕、阴线细刻手法于一体。是东汉玉器的杰作。其手持灵
芝，有企盼长生之意，与东汉上流社会普遍寻求神仙不老的
思想相契合，又有银盖，故可能为放丹药之瓶。

深度 结识

辟邪，又名貔貅（píxiū），中国古代的一种瑞兽，在南方，一般人是喜欢称这种瑞兽为貔貅，而在北方则依然称为辟邪，为古代五大瑞兽之一（此外是龙、凤、龟、麒麟）。辟邪的形象是综合狮

子头和身，犀牛或双角兽之角，羊须、鸟翅、虎爪子为一体。辟邪，顾名思义，是人们希望借助它的法力，祈福驱邪、镇宅化煞。传说貔貅帮助炎黄二帝作战有功，被赐封为"天禄兽" 即天赐福禄之意，它专为帝王守护财宝，也是皇室象征，称为"帝宝"，亦被称为招财神兽。传说貔貅有一个极为罕见的特点：有大嘴，无屁门，只有进而没有出。所以经常被置于银行门前，意为只招财不漏财。

东汉的玉辟邪一改西汉之伏首前行，而变为闲庭漫步，纹饰也开始简化，或仰天长啸，或呈蹲坐之态，或昂首挺立，或静卧肃穆，为六朝出现大型的石雕神兽提供了借鉴，直至魏晋始被巨型石辟邪替代。后世辟邪虽多有仿，但早已无西汉之凶猛有力，成了纯粹一讨口彩的玩物。

知识 链接

对于玉辟邪的时代，目前考古所见，文献记载都在武帝以后，此和武帝通西域后，狮子等兽才传入中国有关。

《汉书·西域传》："乌弋山离国，……有桃拔、师子、犀牛。"孟康注："桃拔一名符拔，似鹿，长尾，一角者或为天鹿，两角者或为辟邪。师子似虎，正黄有冉頁彤，尾端茸毛大如斗。"师古曰："师子即《尔雅》所谓狻猊（suānní）也。"经考证，乌弋山离国在今波斯南境。

《后汉书·班超传》："月氏尝助汉击车师有功，是岁贡奉珍宝、符拔、师子，因求汉公主。"注："符拔，形似麟而无角。"

由以上记载可知，汉代中期以后的有翼神兽主要是以西域进贡狮子为原型创作的，当时对这些兽是按角之有无、多少分别命名的，一角者称天禄，二角者称辟邪，无角者称为符拔。

对于天禄和辟邪的造型在文献及考古实物中都得到了证明。《后汉书·灵帝纪》李贤注："今邓州南阳县北有宗资碑，旁有两石兽，镌其膊一曰'天禄'，一曰'辟邪'。"这两件石兽后于1957年在南阳市卧龙岗被发现，其刻辟邪二字的为两角神兽，另一兽一角。

另外，齐王刘石墓中出土一件铜牌饰，正面铸一兽作蜷伏状，独角、双竖耳，张口，肩有鬐毛，在兽的顶端铸有"天禄"二字，与文献记载天禄独角的特征颇吻合。

也有一部分学者认为独角者为辟邪，而双角者为其他神兽。另一个可能是，独角或双角不是表现不同的神兽，而是与此器的早晚年代有关，西汉渭陵遗址出土的玉辟邪为独角，现在一般认为年代较早者为独角，而年代较晚者为双角。因此，究竟何说为宜，唯待今后更多的科学资料来证实，在没有完全搞清其确切原因之前，此皆暂称为辟邪。

貔貅有什么作用？

（撰稿：张丽明）

"宜子孙"玉璧

东汉玉器。通长30、璧径20.7、厚0.6厘米。山东省青州市马家冢出土。青州市博物馆藏。

意 趣 点 击

玉璧是汉代出土玉器中数量最多、种类最复杂、用途最广的玉器。除祭祀礼仪用璧和丧葬礼仪用璧、装饰及佩带用璧外，汉代还有一批带有辟邪吉祥之意的玉璧，如东汉时大量流行的吉语璧，常常有"宜子孙"、"宜子孙日益昌"等等字样。

此"宜子孙"玉璧，玉质青色，有白色和黑色沁斑，玉材罕见。璧上方出廓透雕双龙与流云纹，中央透雕篆书"宜子孙"三字，乃"子子孙孙宜室宜家"之吉祥用语。每字中央阴刻字形线，字上部有一朵云形提钮。璧分内外两区，内区饰有158个乳钉，外区浮雕熊纹、螭虎纹，线条流畅，是汉玉中精工之作。

宜子孙思想，最初应与食药养身的民俗文化有关，随后发展到吉语祝词中，其祥瑞意义则更加突出。如周人青铜器铭文中常见的"子子孙孙永宝用"、汉代铭文中的"子子孙孙享传亿年"等。其实汉代"宜子孙"的思想，就是祈求广义上的长生思想，把"宜子孙"玉璧，悬挂在厅堂或系佩在腰间，表达了人们追求生命永存的精神世界的渴望。

此外，东汉玉璧上还常见透雕有"长乐"、"益寿"、"延年"等吉祥文字，可见这种对美好的祝福和对生命的祈求，在东汉人的思想观念和艺术创作中已深入人心，相当普遍了。

关联文物

1、玉座屏 东汉陈设用玉，河北省定县43号墓出土，现藏定州市博物馆。高16.5、长15.3厘米。玉质青色，已受沁为黄褐色。此器以四块玉片拼成，上下两层玉片的两端榫部插入两侧玉支架的孔隙之中。支架为两连璧形，圆璧内各透雕一龙，缠绕于正中的长方形榫孔旁，上层玉屏片正中端坐"西王母"形象，双手抚握，双肩生翼，盘膝高座，下侧及周围环绕仙女、凤、鸟、麒麟、雁、兽等。下层座屏正中雕"东王公"形象，姿势与西王母相似，四周透雕仙女、龟、蛇、熊等形象。此器造型及人物故事繁杂，勾勒精细，是东汉神仙道教题材故事在玉器上的反映，极为少见。

2、螭纹镍形玉佩 东汉装饰用玉，河北省定县43号墓出土，现藏定州市博物馆。长15.7、宽6.8厘米。玉质白色，边缘有红褐色沁斑。此鸡心佩中心为长扇形孔，而非是一般常见的圆孔。四周浅浮雕、透雕两螭虎与流云纹，鸡心出尖的一侧有一小凤鸟回首与一螭虎相视，造型比较少见。

知 识 链 接

从两汉墓葬的出土资料来看，玉璧在墓葬中的随葬数量是相当可观的，这些围绕尸体周围和棺椁周围的玉璧是有一定特殊含义的。

玉璧浑圆的形状、莹润光滑的质地以及抽象写意的纹饰，很容易使原始先民与天产生联想，有学者认为玉璧的出现就是依照先民心中"天圆地方"的宇宙观而制作的。到了汉代，玉璧象征的不仅是抽象的天体，并且被更加具体化用以象征日月。在"璧天相类"、"璧圆像天"的观念信仰影响下，玉璧自然而然成为了沟通天人的媒介。

汉墓中以璧敛尸、用璧镶棺的做法除了祈求死者尸骨不朽外，最主要的目的应该就是帮助灵魂顺利升入天堂。而玉璧中间的圆孔应是供死者灵魂出入的通道，徐州后楼山汉墓的玉枕之上所镶嵌的玉璧设计成门的式样，在中间的圆孔中镶嵌鎏金铜铺首衔环，形象地反映了这一思想。狮子山楚玉墓的镶玉漆棺，发现漆棺上左右镶嵌玉片上雕琢的玉璧图案（满城窦绾墓镶玉棺是镶嵌上的玉璧），其璧孔处均特意在中心打有一孔。有些挖出璧芯，有些直接在中心打一小孔而不再挖璧芯。这一方面说明璧的形式一定要在尸体周围出现，如果使用镶玉棺，即使不镶嵌玉璧也一定给出图案表达此意，另一方面说明使用玉璧一个主要作用是利用玉璧之孔，即使没有也一定要打一孔，因为它是供灵魂出入的通道。随葬玉璧的葬俗反映了汉人追求灵魂升仙，与天地共存、日月同辉的美好愿望。

汉墓中出土玉璧还代表墓主人生前拥有的财富以及所具有的等级地位，这是玉璧自出现以来就具有的特性。

问 题 互 动

您知道璧与环的区别么？

（撰稿：张丽明）

汗血宝马——玉天马

玉天马

长7.5、高5.5、厚3厘米。故宫博物院藏。

在中国传统文化中，汗血宝马代表着勇气和力量，蕴涵着人们的理想和幻想，汉代画像石，唐代石雕、绘画、金银器上都留下了天马的倩影。歌咏天马的诗文历代皆有。唐代李白有《天马歌》："天马出来月氏窟，背为虎纹龙翼骨，嘶青云，振绿发，兰筋权奇走灭没。"宋代司马光也有《天马歌》："大宛马，汗血古共知，青海龙种骨更奇，网丝旧画昔尝见，不意人间今见之。"

此器经火烧，表面呈灰黑色，无明显绺裂，可知原玉质优良。马头略小，低眉，方腮，口微张，短鬃，为秦汉雕塑造型风格。卧姿，一足踏地，翅为前后两组羽，每组为二羽，尾根部上翘，端部下垂。此玉马有翼，为天马。汉代立体造型的玉天马，目前发现还不多。

深 度 结 识

汗血宝马是世界上最神秘的马匹，史载汗血马"日行千里"，又名"大宛马"、"天马"。

为争夺汗血马种，中国汉代发生过两次血腥战争。最初，汉武帝派百余人的使团，带着一具用纯金制作的马前去大宛国，希望以重礼换回大宛马的种马，被拒，汉使也在归途中被杀。汉武帝大怒，于公元前104年和公元前101年两次命李广利率兵远征大宛国，终于得偿所愿。得到汗血宝马的汉武帝十分高兴，将"天马"的美名赐予汗血宝马。从此，中原的马种得到改良，汉代的生产力和军队的装备也因此大幅增强。曾有这样的史话，汉军与外军作战中，汗血马上阵，敌方人数众多，刮目相看。久经娇养的汗血马，认为这是表演的舞台，作起舞步表演。对方用的是蒙古马，见汗血马高大、清细、勃发，以为是一种奇特的动物，不战自退。汗血马从汉朝进入我国一直到元朝，曾兴盛上千年，近代以来几近绝迹。

知 识 链 接

汗血宝马即阿哈尔捷金马，是土库曼斯坦独有的名贵马种。传说，土库曼斯坦有一条神秘的河，凡是喝过这里河水的马在疾速奔跑之后都会流汗如血，如今这条河却无从寻找。中国人称其为"汗血宝马"，是因为曾有人发现它奔跑时颈部流出的汗液色如鲜血。这到底是怎么回事？

一种观点认为流汗如血是一种渗血现象。马在高速奔跑时体内血液温度可以达到45℃到

46℃，但它头部温度却恒定在与平时一样40℃左右。随着血液增加5℃左右，少量红色血浆从细小的毛孔中渗出也是极有可能的。

第二种观点认为"汗血"现象是受到寄生虫的影响。清朝人德效骞在《班固所修前汉书》一书中解释：说穿了，这只不过是马病所致，即一种钻入马皮内的寄生虫，这种寄生虫尤其喜欢寄生于马的臀部和背部，马皮在两个小时之内就会出现往外渗血的小包。这种"寄生虫"到底是何方神圣现在也无人知晓。但持不同意见的专家认为"寄生虫说"很难成立。如果是寄生虫引起了汗血宝马流汗如血，那它为什么不随时流汗如血，而偏在疾速奔跑之后流？还有专家提出："马汗一般是白色的，呈泡沫状，不可能像血一样。"

还有一种观点认为，流汗如血仅仅是一种文学上的形容。马出汗时往往先潮后湿，对于枣红色或栗色毛的马，出汗后局部颜色会显得更加鲜艳，给人感觉是在流血，而马肩膀和脖子是汗腺发达的地方，这就不难解释为什么汗血宝马在疾速奔跑后肩膀和脖子流出像血一样鲜红的汗。

关于"汗血"到底是怎么回事，学术界目前仍无定论。随着科学研究的不断深入，一定会找到一个准确的答案。

问 题 互 动

您认为"汗血"到底是怎么回事？

（撰稿：张丽明）

意趣点击

　　"长宜子孙"玉胜是避邪物，玉质洁白若凝脂。其透雕一玉胜状物，两格栏前分刻篆书"长宜子孙，延寿万年"八字。横栏上雕朱雀，下为龟蛇相绕之玄武，玄武下俯卧一鱼，隔柱外分别雕一青龙，一白虎。青龙、朱雀、白虎、玄武等代表了东南西北四方天象的神灵，此为汉代常见题材"四灵"，有辟邪厌胜，祓（fú）除不祥之意。四灵玉胜仅此一见，因此有着较高的研究价值。

"长宜子孙"玉胜

汉代玉器，高3.2、长5.5、高2.1厘米。
上海博物馆藏。

"胜"原为古代神话中"西王母"所戴的发饰。《山海经》云："玉山，是西王母所居地。西王母其状如人，豹尾虎齿而善啸，蓬发戴胜，是司天之厉及五残。"胜之形象，可见出土的汉代"玉胜"。古时作为"祥瑞"之物。《宋书·符瑞志》载有"金胜"，所谓"国平盗贼，四夷宾服则出"。作为首饰之胜尚有华胜、织胜、罗胜、春胜、方胜、人胜、叠胜等。其中多以材料或形象冠名。此后"胜"广泛用于各种工艺品装饰上。如四川出土的石刻画像，建筑之门楣就刻有"胜"的图案。尤其是"方胜"，明清以来已成为吉祥图案中常见的纹饰之一。

方胜，即方形的彩胜。本为古代妇女的饰物，以采绸等为之，由两个菱形部分相迭而成。后也指这种形状的图案或花样。以后这种形状被赋予了"同心双合，彼此相通"的吉祥含义。元代王实甫《西厢记》第三本第一折，说崔莺莺写好了约张生的一封书信，"不移时，把花笺锦字，叠做个同心方胜儿"。王季思注曰："胜本首饰，即今俗所谓彩结。方胜，则谓结成方形者。"

《金瓶梅》第八回，也谓潘金莲将一首《寄生草词》写就，便"叠成一个方胜儿，封停当，付与玳安儿收了"，致意西门庆。这都是指把信笺叠成斜方形花样。古代人也常以方胜图案印染布匹，做衣裳或手帕等。以方胜形结成的带饰、头饰也不少见。方胜结的形状因似方胜而得名，是由一个磬结和盘他结组合而成，常被当做吉祥的饰物，在中国古老结饰中屡见不鲜。

厌胜钱也叫做压胜钱，也叫押胜钱、压胜钱，并非流通币。

厌胜，典出《汉书·王莽传》："莽亲之南郊，铸作威斗。威斗者，以五石铜为之，若北斗，长二尺五寸，欲以厌胜众兵。"后来"厌胜"演变成了古代方士的一种巫术——厌胜法，当时人们认为运用厌胜法就可以制服他们想要制服的人和物。厌胜法的"厌"读作押（yā），据《说文解字》解释：厌，笮也，令人作压。所以通常又把厌胜法称作压胜法。杜甫《石犀行》云："自古虽有厌胜法，天生江水向东流。"厌胜钱实际上就是人们据厌胜法的本义，为避邪祈福而制造的一种饰物，供佩带赏玩，厌服邪魅、求取吉祥。

钱以"厌胜"命名，是因古人笃信钱币可以通神役鬼。从传世实物和典籍记载看，中国古代的厌胜钱是一个品类繁多的大家族，从赞颂吉祥的"祝寿钱"、"洗儿钱"、"撒帐钱"，到厌魅解厄的"辟兵钱"、"神咒钱"、"八宝钱"；从祈嗣求子的"男钱"、"女钱"、"秘戏钱"，到嬉戏娱乐的"棋钱"、"马钱"、"灯谜钱"……几乎遍及社会生活的各个领域。埋藏在护珠塔砖下的，则属于"镇宅钱"一类。

作为研究中国传统民俗的实物资料，厌胜钱的独特价值已在学术界受到越来越多的关注，但有关其源头的问题，至今还没有公认的答案。

问 题 互 动

汉代四灵是哪些？

（撰稿：张丽明）

南朝玉铭——龙纹玉鲜卑头

意 趣 点 击

　　中国的玉器一般很少刻铭文。直到明清时期，由于帝王所好以及文人的作画题诗情结侵入玉器制造业，文字才较多地出现于玉器上。而我们要介绍的这件龙纹玉鲜卑头，却是魏晋南北朝玉器。这件鲜卑头采用新疆和田羊脂白玉，通体透雕一条蜷曲的蟠龙，龙身上部曾嵌有宝石，现已全部脱失。器背两侧有铭文两行："庚午，御府造白玉衮带鲜卑头，其年十二月丙辰就，用工七百"，"将臣范许、奉车

龙纹玉鲜卑头

南朝玉器。长9.5、宽6.5厘米。上海博物馆藏。

都尉臣程泾、令奉车都尉关内侯臣张余"。作为一件玉器，上面出现这么多铭文，记录了制作时间、制作机构、器物名称、用工人数、监造者姓名等非常有价值的内容，实属罕见，又是何等的弥足珍贵。

深 度 结 识

鲜卑头，即胡语所言的带钩或带扣。《汉书·匈奴传》颜师古注："犀毗，胡带之钩也，亦曰鲜卑，亦谓师比，总一物也，语有轻重耳。""带扣"一名，始于当代，究竟是谁最早定下的这个名称，一时还不易查考。带扣在古代另有名称，如"师比"、"鲜卑"、"犀毗（pí）"、"鐍（jué）"、"钩燮（xiè）"、"钩蹀（dié）"等，随着时代的不同常有更迭。

结合铭文内容，让我们可以最终认定"鲜卑头"就是带扣的名称，并且能够确认此鲜卑头是南朝宋文帝刘义隆衮服上的玉带头。制造此鲜卑头用了七百个工时，且有官员监造。说明朝廷对此制作是十分重视的，尤其是在南北朝整个玉器生产呈衰退之时，却能琢出如此珍品。发掘出土的魏晋南北朝的玉器，无论从数量和质量两方面都远逊于其他历史时期，此时期的传世品，更是难得一见，而在玉质与制作上趋于完美的佳作，则是举世无双。

关 联 文 物

"野游重光"玉币　六朝玉器。北京市昌平区清河绒毯厂外窖堆采集，现藏首都博物馆。直径2.5厘米。玉质白色。币圆形方孔，钱廓微隆，两面分别减地隐起楷书"野游

重光"与"疾鬼疫名"八字。其笔画平直流畅，是六朝时期篆刻的特点。以玉为钱，有辟邪压胜之用。

知 识 链 接

　　魏晋南北朝300多年的混战和变革中，南北之间的交通、贸易来往还是不绝如缕。在文化艺术方面，由于玄学的兴起，佛教的流行，陶瓷、绘画、雕刻技术的成熟，因而创作出了一大批举世闻名的艺术杰作。如东晋顾恺之所绘《洛神赋图》、《女史箴图》，北魏开凿的云冈石窟、龙门石窟，山东、河北等地出土的大量石刻造像……无不绚丽夺目。然而玉器制作却进入了一个低潮期。尤其是考古出土玉器数量极少，而且质地粗略，做工简单，少有花纹装饰。这与曹操、曹丕父子均提倡薄葬有很大关系。魏文帝黄初三年（公元222年）下令禁止使用"玉匣"葬服，用玉厚葬之风遂止。

魏晋南北朝玉器的骤减，也有人认为是"当时不爱好琢玉，而盛行吃玉"。据葛洪《抱朴子·仙药篇》记载"玉亦仙药，但难得耳"。《玉经》曰："服金者寿如金，服玉者寿如玉也。"所以，提倡吃玉能成仙的说法盛极一时，它使汉代以来人们迷信玉的行为意识发展到了顶点。吃玉的规矩，首先要材料好，选用最纯净的"璞玉"，以和田白玉为佳，而且还要禁酒色，两者缺一不可。这种神仙思想和方术之术，使早期玉器的美学价值和礼仪观念消失殆尽，实在是对中国玉器文化极大的毁灭和破坏。

问 题 互 动

"鲜卑头"是什么意思？

（撰稿：张丽明）

舍利之光——佛祖舍利玉棺

玉棺

唐代佛教用玉。高4.2、上端径1.4、下端径2～2.2厘米。
1987年陕西省扶风县法门寺地宫出土。陕西历史博物馆藏。

意趣 点击

　　此玉棺位于水晶椁内，为五重宝函之一，以羊脂白玉琢制而成，形状犹如民间木棺，由盖、室、座三部分组成。棺盖为前宽后窄的拱弧形，盖前后各琢一道凹槽，棺体前端较宽高，后窄短，前后档呈半圆弧凸出，微向前倾，棺体上端两侧有轨槽，棺座和棺床呈一体，棺座两侧均镂空三个壶门，棺座前端镂空两个壶门，棺座后端镂空一个壶门，棺体四角和棺床四角相应位置均钻一孔，可插榫铆合。通体抛光，琢磨工艺精细。

深度 结识

　　1987年法门寺重建时，工程人员从倾倒的寺庙底下，发现法门寺塔基地宫遗址，并在遗址中找到四枚舍利，其中有释迦牟尼佛的真身舍利"灵骨"一枚，同时出土的还有三枚"影骨"。

　　"灵骨"用五重宝函包装。第一重宝函为铁质，出土时已锈迹斑斑，呈深褐色。第二重宝函紧套在第一重宝函之内的是一个精美的银质鎏金函，函身雕凿有45尊造像。第三重宝函是一银包角雕花檀香木函。第四重宝函是一副水晶椁。椁顶嵌有黄、蓝宝石各一颗。在椁盖上雕著观音菩萨坐像。第五重宝函是一个壶门座玉棺。棺盖雕刻普贤菩萨像。玉棺放在雕花棺床之上。玉棺之内供奉的舍利是释迦牟尼佛真身灵骨，为左手中指。指节颜色微黄，有裂纹和斑点。据发掘者介绍，刚刚出土时，灵骨因在液体中浸泡千年而使骨质松软，而且还有白色小徽点附在灵骨之上。

知 识 链 接

在历史上，曾经先后有四位皇帝发动过毁佛、灭佛的事件，分别是北魏太武帝拓跋焘、北周武帝宇文邕、唐武帝李炎和后周世宗柴荣，佛家称"三武一宗"法难。中国的佛舍利也因此大部分遭到毁坏。为了避免佛指骨真身舍利遭到损毁，僧人另外仿制了三枚佛骨，也就是所谓的"影骨"。

1987年，从法门寺塔基地宫中找到四枚佛指骨舍利，除第三个发现的灵骨微黄，质地似骨以外，其余三枚质地均为白玉，也就是仿佛祖真身灵骨而造的"影骨"。影骨即灵骨之影应、应现，以证示灵骨之不灭，影骨与灵骨是不一不异的关系；影骨也被视为圣骨，供养规格与佛的真身舍利相同，"影骨非一亦非异，了如一月映三江"。

真身舍利为释迦牟尼佛的一节中指骨。这枚指骨舍利在唐人文献中有"佛骨"、"佛指骨"、"真身"、"金骨"等不同称谓。佛指舍利的形制，唐释道宣《集神州三宝感通录》记载："其舍利，开头如小指初骨，长寸二分，内空方正，外楞亦尔，下平上圆，内外光净。"《大唐咸通启送岐阳真身文志》载："长一寸二分，上齐下折，高下不等，三面俱平，一面稍高，中有隐痕。色白如雨稍青，细密而泽，髓穴方大，上下俱通。"形状与道宣《感通录》和《志文碑》所记吻合。

这枚释迦牟尼佛中指骨舍利是目前唯一发现的佛指舍利，是佛家信仰的圣物之一。赵朴初赋长歌以赞，影响之盛实乃有国之最。

问 题 互 动

什么是佛舍利？

（撰稿：张丽明）

亦云飞仙——玉飞天

玉飞天

唐代玉器。长7.1、宽3.9、厚0.7
厘米。故宫博物院藏。

意趣 点击

　　从目前资料来看，玉质飞天始于唐代，造型多作挺胸昂
首飞舞状。此飞天形态为一个在祥云上腾空而飞的仙女形
象，玉质青色，局部有浅黄色沁斑。飞天的面部丰满，碾磨
细腻，头梳发髻，肩披飘带，上身袒裸，下着长裙。那大朵
的云头，流动的线条，给人以极其强烈的飘动感和令人神往
的浪漫情怀，尽显灵动之美。

随着印度佛教传入中国，飞天的艺术形象开始出现，据考证，佛教壁画和造像里的飞天从十六国时期开始出现。相传佛教神像中的天歌神乾闼婆和天乐神紧那罗是飞天艺术形象的原型。他俩是古印度神话中的歌舞神和娱乐神，原是一对夫妻，后被佛教吸收为天龙八部众神之内。乾闼婆的任务是在佛国里散发香气，为佛献花、供宝，栖身于花丛，飞翔于天宫。紧那罗的任务是在佛国里奏乐、歌舞，但不能飞翔于云霄。后来，乾闼婆和紧那罗相混合，男女不分，职能不分，合为一体，变为飞天。飞天在佛教中被描绘成专采百花香露，能乐善舞，向人间散花放香造福人类的神仙，又称香音神。

知 识 链 接

只要提到飞天，人们就会想到敦煌莫高窟飞天艺术。飞天是敦煌莫高窟的名片，是敦煌艺术的标志。敦煌飞天中最引人注目的，便是"反弹琵琶"的舞姿。

反弹琵琶图见于莫高窟112窟的《伎乐图》，为该窟《西方净土变》的一部分。伎乐天随着仙乐翩翩起舞，举足旋身，便呈现出了"反弹琵琶"绝技时的瞬间动势。反弹琵琶是敦煌艺术中最优美的舞姿。它劲健而舒展，迅疾而和谐，反弹琵琶实际上是又奏乐又跳舞，把高超的弹奏技艺绝妙的舞蹈本领优雅迷人地集中在这个舞位的肩上。我们很难知道，当初是否真的有个善歌善舞且才华非凡的朗姬作为模特，还是画工们离奇的想象和杰出的创造。不管怎样，反弹琵琶都是大唐文化一个永恒的符号。

　　唐代是琵琶发展的高峰，当时上至宫廷乐队，下至民间演唱都少不了琵琶。琵琶成为当时非常盛行的乐器，而且在乐队处于领奏地位。涌出了大量的琵琶演奏者，如唐代世居长安的曹保，其子曹善才，其孙曹纲，都是著名的琵琶演奏家，为世人所推崇，诗人对其高超技艺亦多有诗作赞颂，曹纲的演奏，右手刚劲有力，"拨若风雨"，另与之齐名的裴兴奴则左手按弦微妙，"善于拢捻"，故当时乐坛有"曹纲有右手，兴奴有左手"之誉。来自西域疏勒的"五弦"名手裴神符是唐太宗最看重为宫廷乐师之一，他首创了琵琶手指弹法；康昆仑号称琵琶第一手，段善本则是有名的佛殿乐师，后与康昆仑琵琶比赛后，进入宫廷成为皇家乐师。

　　在唐代的文献记载和诗词中，有许多描述琵琶音乐的精彩篇章，说明那时的琵琶演奏技巧已有高度发展，表现力十分丰富。如唐代诗人白居易在他的著名诗篇《琵琶行》中非常形象地对琵琶演奏及其音响效果这样的描述："大弦嘈嘈如急雨，小弦切切如私语。嘈嘈切切错杂弹，大珠小珠落玉盘。"

　　不过，至今在唐朝文献中并未发现边弹琵琶边跳舞的文字资料。或许，琵琶舞是敦煌这一地区独有的舞蹈？或者是来自天国的舞蹈？

问 题 互 动

"反弹琵琶"是怎样的舞蹈动作？

（撰稿：张丽明）

汉白玉武士

唐代文物。高40厘米。陕西省西安市南郊等
驾坡杨思勖墓出土。中国国家博物馆藏。

意趣 点击

　　汉白玉质。武士立于方座上，唐代男子典型装束，头
戴幞（fú）头帽，身着圆领袍衫，衣角撩起扎于腰际，下
着袴，足登高靴。腰侧佩挂剑、弯刀、弓和弓袋，另一腰
侧系箭筒，胸前和背后亦有弯刀、弓袋和箭筒。器体雕有
纹饰，局部有贴金。此戎装武士年轻英武，神态恭敬，应
是墓主人的侍卫亲兵。

深度 结识

墓主杨思勖（xù）是唐玄宗时期的亲信宦官，早在玄宗做临淄王时，就追随参与了诛灭中宗皇后韦氏的宫廷政变。玄宗即位后，杨屡总兵权，以军功官至一品。杨思勖虽然是太监，但生性刚毅果决，有军事才能，只是性情凶暴，残忍好杀。杨公公杀人，一般绝不给个痛快，往往是或活剥俘虏脸皮，或从发际处生揭头皮！所以他的部下都很怕他，"望风慑惮，不敢仰视"，这就是这位宦官的为将之道！对于他的残忍，《旧唐书》曾记载了这样一件事：与杨思勖同为玄宗亲信宦官的牛仙童，奉皇命到幽州巡视时，接受了幽州节度使张守圭的大笔贿赂，后来事情被告发，唐玄宗大怒，命令处死牛仙童。而被派去执行死刑的就是杨思勖。杨思勖将牛仙童绑起来，生挖其心，砍去手足，割其肉而生吞。史书发出这样的感叹："其残酷如此！"大家都知道，凌迟之刑始于五代，唐时尚无，而杨思勖对牛仙童所施酷刑，不但已具凌迟雏形，而且比凌迟还要残酷！

同时我们也应该看到杨思勖一生战功显赫，但他并没有居功自傲，攫取政权，而是一直对唐王朝忠心耿耿，这一点是值得肯定的。开元二十八年，杨思勖因病去世，时年80余岁。

知识 链接

唐帝国通过开明的政治和强大的军事力量，成为当时世界的中心，从唐初的统一之战到盛唐时期所有的对内对外战争，都出现了冷兵器历史上对后世影响巨大的武器——唐刀。在当时的世界上是与阿拉伯大马士革刀著称于世的两种名刀，无论是技术上还是在艺术上均达到了极高的成就，可以说是我国刀剑史上的巅峰。

《唐六典》记载唐代刀制有四种：一曰仪刀，二曰障刀，三曰横刀，四曰陌刀。这四种刀中，真正能够在疆场上发挥作用的，却只有陌刀。

陌刀为一种两刃的长刀，较重，大约50斤，为现今武士刀（日本刀）的原形之一。唐代军中大量配备。唐代以后陌刀逐渐消失，至今考古资料未曾出土实物。

从史书看唐太宗的作战很有个人特色外，最喜选择敌阵薄弱部位，亲率骑兵冲锋，"敌无不溃败"，一骑飞驰于前，数万骑兵紧随其后的场面，今日想来，令人神往。初唐的时期大量的骑兵是作战胜利的重要保证，而中期的步军的陌刀如墙推进战术，创造了盛唐时期辉煌的战争历史，也创造了陌刀的神话。从武德到天宝，唐在立国战争及与善骑射的游牧民族战争中能够取得胜利，步兵的进攻性武器陌刀的使用不能不说是主要成因之一。

问 题 互 动

唐刀有哪四种？作战用的是什么刀？

（撰稿：张丽明）

意趣点击

武士呈踉（jì）坐状，面部向左扬起，怒目圆睁，鼻孔张开，双唇紧闭，肌肉饱满，体格魁梧，身披铠甲，左手按膝，不怒自威，给人以不可冒犯的感觉。

深度结识

说到这件白玉踉坐武士，首先要说唐代的佛教。唐代是佛教十分兴盛的朝代。佛教自汉代传入中国，经过魏晋南北朝的融合，到隋唐才在中国真正扎了根，产生了具有中国特

白玉踉坐武士

唐代玉器，长5.5、高4.8厘米，中国国家博物馆藏。

点的中国佛教，具有各个不同特点的佛教各宗派，大都形成于此时。那时候，上至皇族下至百姓，崇佛、信佛、礼佛之风盛行，史料记载整个长安城中竟有多达159所大大小小的佛寺，这样的规模和密度直接能够反映当时佛教的兴盛。就这个武士的身份而言，应该是佛国世界中的力士。佛造像，无论是雕塑还是壁画，其中的人物大体会分为几类，第一等级为主尊，就是佛和菩萨，他们在佛国世界中相当于现实世界中的领导；第二等级是天王，他们相当于带兵打仗的将军；第三等级就是力士了。力士也可以叫武士，这个形象是将中国传统武将与佛教经典中描绘的力士形象结合起来产生的。仔细观察这尊白玉武士会发现，他的形象与唐代历史故事连环画中的武将形象非常相似，和传统的门神形象秦叔宝和尉迟恭也很相似，都充满了力量和正义感，这从侧面说明了唐人崇尚武力，希望这种造型可以镇宅、辟邪以保安康。

这个武士披挂的铠甲给他增加了很多力量感和威严感。在整个冷兵器时代，铠甲是作战中不可缺少的保护用具，从文献记载和出土文物来看，商周时代就有了以牛皮为原料的铠甲，战国时期出现了铁制铠甲，到唐代铠甲已经发展得非常成熟完善，唐中期以后铠甲在实用的基础上增加了很多装饰，外表日益华美，我们看到的这座白玉武士身着的铠甲具有典型的唐代风格，是唐代传世玉器中不可多得的珍品。

知 识 链 接

这个武士为什么叫"踞坐"呢？踞坐，就是两膝着地，小腿贴地，臀部坐在小腿及脚跟上的坐姿。古人并不是像我们现在这样两腿垂地坐在椅子或凳子上的。在古代，早期的房屋低矮，活动空间较小，人们没有桌椅板凳，吃饭、起居、睡觉全在地上。为了隔潮防凉，就

用兽皮、树叶等铺垫，后来发明
了席子，就在地上铺张席子坐
在上面，所以说"席地而坐"。
现代汉语中"出席""列席""缺
席""退席""硬席""软席""席
位""主席"等词语表明"席"
与"座位"关系之密切。俗话说
"站有站相、坐有坐相"，那么
坐相都有哪几种呢？古人最常
见的"坐"是两膝并拢着席（或

地），双足在后，脚背朝下，臀部落在脚跟上。现在朝鲜、日本还保留
着这种坐法。如果理解了古人的坐姿，就很容易理解成语"促膝而谈"
了，因为两个人如果相互对坐着，距离越近，膝盖就离得越近。还有一
个成语叫"正襟危坐"。既然有危坐就有安坐，安坐就是上面介绍的臀
部挨着脚跟的坐姿，也叫踞坐；危坐又叫长跪，特指臀部离开脚后跟，
腰板伸直，上身耸起的坐姿。踞坐既是一种表示恭敬的坐姿，也是一种
带有预警性质的坐姿，因为臀部离开脚后跟比较容易站起来。

问 题 互 动

古人坐姿哪些？

（撰稿：屈罡）

盛唐玛瑙——玛瑙羚羊首杯

意 趣 点 击

　　这件玛瑙杯是用一块罕见的五彩缠丝玛瑙雕刻而成，造型写实、生动，杯体是模仿兽角的形状，杯子的前部雕刻为牛形兽首，双眼圆睁，炯炯有神，似乎在寻找和窥探着什么，兽头上有两只弯曲的羚羊角，而面部却似牛。尽管这一造型不是出自写实手法，但看上去安详典雅，并无造作感，刻画得神形皆肖。兽嘴处镶金，起到画龙点睛的作用，其实这是酒杯的塞子，取下塞子，酒可以从这儿流出。头上的一对羚羊角呈螺旋状弯曲着与杯身连接，在杯口沿下又恰到好处地装饰有两条圆凸弦，线条流畅自然。

玛瑙羚羊首杯

　　唐代玛瑙器。通高6.5、长15.6、口径5.9厘米。1970年陕西省西安市南郊何家村唐代窖藏出土。陕西历史博物馆藏。

这件酒杯材料罕见珍贵，是极其稀有的缠丝玛瑙，材质纹理细腻，层次分明，晶莹瑰丽。其选材、设计和工艺都极其完美，是唐代玉器做工最精湛的一件，在我国是绝无仅有的。

深度 结识

这件玛瑙杯的产地目前学术界仍有争议，但其造型是西方一种叫"来通"的酒具却成为专家学者的共识。"来通"是希腊语的译音，有流出的意思，大多做成兽角形。一般在酒杯的底部有孔，液体可以从孔中流出，功能如同漏斗，用来注神酒，当时人们相信用它来注酒可以防止中毒，举起"来通"将酒一饮而尽是向神致敬的表示，因此也常用于礼仪和祭祀活动。

这种造型的酒具在中亚、西亚，特别是萨珊波斯（今伊朗）十分常见，在中亚等地的壁画中也有出现。在我国，从唐代以前的图像资料来看，这种酒具常出现在胡人的宴饮场面中，唐朝贵族以追求新奇为时尚，而这件器物的出土也是唐朝贵族崇尚胡风、模仿新奇宴饮方式的见证。

有的学者推测此杯是从中亚或西亚进献来的礼品。但深入研究者坚信，此杯出自唐人之手。兽首杯在制作之初，可能也是想模拟西方风尚采用羚羊之形，可由于题材的生疏，所以最后成了现在的面目。据估计，它的制作年代当在8世纪前期。

这件国之重宝，象征着财富和权力，是一件高贵的艺术品，同时它也很可能是中西亚某国进奉唐朝的国礼，意义非同一般，是在东西方文明碰撞的火花中诞生的一件重要文物。

知识 链接

　　玛瑙的主要组成是一种矿物——玉髓。中国产地广泛，晋王嘉《拾遗记》中载："当黄帝时，玛瑙瓮至，尧时犹存，甘露在其中，盈而不竭。"缠丝玛瑙多产自西域，类似唐兽首玛瑙杯这样造型的器皿，在中亚、西亚、特别是波斯（今伊朗）较为常见。中国古代玛瑙也多来自西方，康国、吐火罗、波斯均向唐王朝进献过玛瑙器。《唐门·德宗纪》称"倭国献玛瑙大如五斗器"。《珍玩续考》称"渤海国献玛瑙柜，方二尺，深黄色，上巧无比"。渤海国也曾进献过玛瑙。另外据《唐会要》载吐火罗还将大量未加工的矿石贡献于唐朝廷。另在《旧唐书》中有"开元十六年大康国献兽首玛瑙杯"的记载。从这些现象分析，这件珍贵的玛瑙杯很可能是作为文化交流的使者从西域来到中国的，但也不排除这是出自居住在长安的中亚或西亚的工匠之手，也可能是唐代工匠学习外来工艺后利用外国进贡原料琢制而成的杰作。

问题 互动

玛瑙是什么矿物？

（撰稿：屈罡）

意 趣 点 击

胡人奏乐纹玉带，玉质润白。带由十件半圆形銙、四件方銙和两件圆首矩形铊尾组成。带銙剔地呈池面，主题纹饰为胡人奏乐纹或狮纹。胡人或盘腿演奏或身披长飘带舞蹈。带銙、铊尾底部略大顶部，侧面呈梯形。背面均有对钻象鼻孔。

唐代玉带板一般都较厚，雕琢方法也极有特点，即图案中以细而短的密集阴刻线，琢出人物、动物等纹饰。饰纹处自边沿向内缓缓凹下呈池面，人物或动物在中部凸起，与边沿同高。

胡人奏乐纹玉带

唐代礼仪用玉。1970年陕西省西安市南郊何家村窖藏出土。陕西历史博物馆藏。

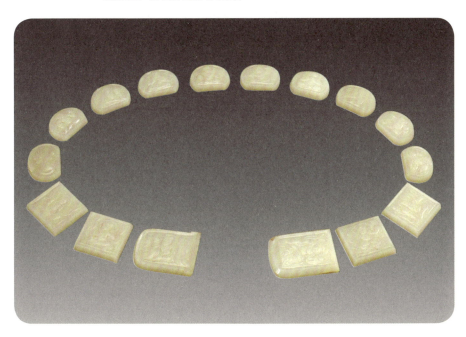

深度结识

　　唐代异域文化的大量渗入给中华文明注入了新鲜血液与活力，无所顾忌地引进和吸收，无所束缚地创造和革新，构成了大唐盛世豪迈张扬的写实风格。唐代玉器也经历了全新发展，其品种式样几乎是全新的，作用也多与实用和佩戴有关，主要有玉簪、玉梳、玉镯、玉带板、玉人、神仙、佛以及实用的玉杯等器具。

　　所谓胡人风格玉器包含广泛，时间跨度从唐朝下迄明清，空间上则遍及所有与中华文明接壤的外来文明，内容上更是包罗万象、归化创新。胡人风格玉器在唐代较多的体现于玉带之上。唐代佩饰中数量最多和最富有时代特色的，首推玉带板。据文献记载，玉带之用始自南北朝，以蹀躞带为主。所谓蹀躞带是指带上有环或有孔用来系挂它物的饰物，来源于北方游牧民族骑马时使用。唐代玉带更为流行，却大多为非蹀躞带。凡二品以上官员皆可使用，并以其带板件数的多少、质地及其纹饰上的差异等，分别代表不同的官阶品位和文武任职。玉带板多为正面琢饰图纹，其纹饰有写实动物纹、植物花草纹和人、神仙等。在人物纹中又以所谓"胡人纹"最多和最富特色。唐代时，中原同西域各国的官方往来及民间交流都很频繁，较多的西域及阿拉伯人进入中国，玉带板上的图案生动地表现出了这种情况。把人物形象作为装饰纹样直接使用在玉器上，在唐代属于创新之作。

关联文物

　　玉梁金筐宝钿珍珠装蹀躞带　唐代玉器。陕西省长安县窦皦墓出土，陕西省考古研究院藏。复原长度约150厘米。玉带表框皆以青白玉制作，框底内千金片，在金框上制作

出花卉图案，并镶彩色玻璃
"宝石"，称为"金筐宝钿
珍珠装"。由三件玉圆首矩
形銙、一件圆首矩形铊尾、
八件圆形带銙、一件偏心孔
环及忍冬形蹀躞带饰、玉带
扣各一件组成。玉表框在唐
代文献中称为"玉梁"，此
带是迄今为止发现的唯一完
整的玉梁金筐宝钿珍珠装蹀
躞带。

知识 链接

　　所谓胡人或蛮人都是封建时代对外国或外族人的轻蔑性称呼。隋唐时期的对外交流日趋频繁，当时把西域诸国人统称"胡人"，所谓胡人特指居住在西域的突厥、吐蕃、粟特、波斯以及大食等族。他们在玉带板上表现为深目高鼻，鬈发，身着窄袖束腰衣，肩披云带，足穿长靴，于地毯上或击鼓奏乐，或翩翩起舞，或呈杂耍状，或单腿跪地手持珍宝。胡人风格玉器代表了唐代玉器全新的发展和变化，其形态颇具动感，其形式之多前所未见。不仅是当时仪礼制度和艺术风格的反映，而且是当时中西文化融合的证据，是研究唐代历史的重要资料。它反映了当时中国与西域文化交流和人员往来的繁荣昌盛的景象。与此相关的唐代玉器上的动物造型也突然增多且与这股胡风有着千丝万缕的联系，例如其中作为西域贡品的狮子、孔雀两种动物形象的首次出现。

问题 互动

玉带主要有哪些种类？

（撰稿：屈罡）

鸳鸯栖簪——海棠鸳鸯纹玉簪花

意 趣 点 击

　　海棠鸳鸯纹玉簪花为陕西省西安市唐兴庆宫遗址出土，以白玉琢成扁平片状，两面纹饰相同。雕有一束繁茂的枝叶及盛开的和含苞待放的海棠。在前端一朵最大的海棠花上，雕琢一对比翼振翅、互相嬉戏的鸳鸯，枝茎两侧有小缺口，用于镶嵌。自古以来，鸳鸯就是被人们视为"爱情"的象征，它们雄雌双栖，形影不离，相伴觅食，交颈而眠，是自然界最理想、最恩爱的夫妻。自唐以降，鸳鸯纹成为玉器装饰的常见题材，反映了古代妇女在盛世之中那种情深意长的缠绵情思，具有浓郁的生活气息。

海棠鸳鸯纹玉簪花

　　唐代玉器。长11.5、宽4、厚0.15厘米。陕西省西安市唐兴庆宫遗址出土。西安市文物保护考古所藏。

深度结识

　　玉簪花是唐代装饰玉中出现的新品种。它是唐代贵族妇女插于头上的金、银簪头上嵌饰的玉质花片。兴庆宫遗址出土玉簪花，器体较薄，制作精美，在器面上擅长用阴刻线琢制出各种花卉和禽鸟。由于兴庆宫原是玄宗李隆基为太子时的藩邸，开元十六年后，唐玄宗移至兴庆宫听政。因此，这里发现的玉簪花，很可能就是盛唐时期玄宗宠姬、嫔妃头上的装饰品。有些学者认为，玉簪花是文献记载的玉步摇上的饰件。玉步摇是指唐代贵族妇女头上戴的一种发钗，因钗上缀以各种小串饰，行走时左右摇动故名。

关联文物

　　镶金玉镯　唐代玉器。2件，均直径8.1、孔径7、厚1.9厘米。陕西省西安市南郊何家村窖藏出土。陕西历史博物馆藏。玉质洁白温润。以金合页将三段弧形玉连成一体　。三段弧形玉等长，内弧壁平整，外弧壁上下沿内敛，中部饰三圈凸棱。每节玉端以金兽面包镶连接，并以两枚金钉从内向

外铆固，兽面之间也以铰链式的合页轴相连。其销钉轴可灵活插入或拔出，以便关闭或开启。

知 识 链 接

　　古代妇女头饰，主要有笄、簪、钗、华胜、花钿、步摇、梳篦等不同的种类。梳子作为一种头饰在唐朝尤其流行。在人们的印象之中，唐代妇女充满了风姿绰约、华贵典雅的时代气息。唐代诗人王建的《宫词》中有这样一首诗："玉蝉金雀三层插，翠髻高耸绿鬓虚。舞处春风吹落地，归来别赐一头梳。"唐诗元稹《恨妆成》："满头行小梳，当面施圆靥"。描述的就是当时妇女发髻优美的造型和复杂的装饰。

　　诗中所说的"梳"指的是什么呢？原来，这里的"梳"并非单指我们梳头所用的梳子，而是唐代妇女在头部所插的一种装饰品。具体的插戴方式在敦煌壁画中多有体现，所插梳的质地有金、银、玉、象牙等，而玉质梳背出土最多，可见插玉梳是唐代女性流行的时尚妆。梳子本是一种日常梳理用具，但唐代妇女却喜欢在发髻上插上几把小小的梳子，露出漂亮的梳背，当成装饰。这应与唐代女性发型有关，唐代女性喜欢高大蓬松的义髻，这种发型可以承插小梳子、簪钗等多种装饰品，这大概也是唐代女性头饰出土较多的原因。用小梳作装饰，始于盛唐，到宋代已不再流行。

问 题 互 动

古代女子主要有哪些头饰？

（撰稿：张丽明）

玉善财童子

五代玉器。高8.8、宽4.5厘米。浙江省
杭州市雷峰塔地宫出土。浙江省博物馆藏。

 意 趣 点 击

　　玉善财童子像以青白玉雕琢而成，具有良好的透光性
能，表面抛光度极高。整体为立体圆雕，局部为镂空透雕，
细部为阴线勾勒。童子脸部开相作羽状眉，丹凤眼，眼中
刻划睛珠，大鼻小嘴，环耳，身着广袖宽衣，手腕刻划缠臂
金，腰间系带，衣饰米字纹。双手插于腰间，身体右弯，站
立在飘浮的如意云彩之上，向下张望，衣衫随风飘逸。童子
站立在飘浮的云彩之上，衣衫随风飘逸，一副怡然自得、天

真自信之态，形象地表现出了善财童子为求正果、跋山涉水遍访名师的不寻常经历。云下有榫，竖插于"九山八海"题材的方形底座上。

善财童子相传其出生时有种种奇珍异宝自然涌现，故名"善财"，故事流行于宋元间。善财童子在求道时遍访五十三位名师，终成正果。因为善财童子参拜的第二十七位"善知识"为观音菩萨，所以他被人们当作观音菩萨的胁侍，常与观音菩萨相伴共出。浙江省杭州市雷峰塔地宫中同时出土玉童子和玉观音就是这则佛教故事很好的注解。

知识链接

杭州西湖边有一座千年雷峰塔，因为白娘子的传说而广为人知。雷峰塔为吴越国王钱俶因黄妃得子建，初名"黄妃塔"，因建于雷峰上，后人改称"雷峰塔"。而更因鲁迅先生《论雷峰塔的倒掉》为我们所熟知。

雷峰塔遗址的挖掘在2001年3月。看到雷峰塔地宫口子上的那块巨石时，有人禁不住会想，当这块巨石被移开以后，会不会从地宫里飘出来一个白娘娘？千年地宫之谜终于解开了，出土了大量的佛教文物。其中比较引人注目的便是玛瑙坠、玛瑙珠、玛瑙云纹饰件、琉璃串饰、银臂钏、银钗等象征"七宝"的供养品。

佛家七宝，指七种珍宝，不同的经书所译的七宝不尽相同：鸠摩罗什译《阿弥陀经》：七宝为金、银、琉璃、玻璃、砗磲（chēqú）、赤珠、玛瑙；玄奘译《称赞净土经》：七宝为金、银、吠琉璃、颇胝迦、牟娑落揭拉婆、赤真珠；《般若经》：七宝是金、银、琉璃、珊瑚、琥珀、砗磲、玛瑙；《法华经》：七宝是金、银、琉璃、砗磲、玛瑙、真珠、玫瑰；《阿弥陀经》：七宝是金、银、琉璃、玻璃、砗磲、赤珠、玛瑙。

　　即同一本经书，不同历史时期所译的不同版本中，所说七宝也不同。以《无量寿经》为例，汉代版本的七宝为金、银、琉璃、水精、车磲、珊瑚、琥珀；曹魏时期版本的七宝为紫金、白银、琉璃、水精、砗磲、珊瑚、琥珀；唐代版本的七宝为黄金、白银、琉璃、颇梨、美玉、赤珠、琥珀；宋代版本的七宝为黄金、白银、琉璃、颇梨、砗磲、真珠、琥珀。

　　藏传佛教中的七宝为红玉髓、蜜蜡、砗渠、珍珠、珊瑚、金、银，称为"西方七宝"。

　　不管哪部经典的七宝，有一个共同处，那就是用来宣扬佛法的，并非简单的装饰。七宝虽然宝贵，但是最宝贵的还是对佛法的正信与宣扬。佛经常常说即使用装满三千大千世界的七宝来布施，也没有宣扬佛的一句偈得到的福报大。

問　題　互　动

佛家七宝是怎么回事？

（撰稿：张丽明）

得道尊者——玉罗汉像

意 趣 点 击

现存最早记载所有罗汉名字的汉译佛典是《大阿罗汉难提密多罗所说法住记》（简称《法住记》），由唐代高僧玄奘所译。自《法住记》译出以后，十六罗汉受到佛教徒的普通崇奉，其造像也逐渐流行起来。但是《法住记》中并没有对十六罗汉的相貌进行具体描述，造像者根据佛教常识，结合现实生活中的僧人形象，进行艺术夸张，塑造出了清奇古怪的罗汉形象。

此罗汉面相长圆，前额宽广，额间有白毫和皱纹，双目

玉罗汉像

宋代玉器。高9.5厘米。上海松江区西林塔地宫出土。
上海市文物管理委员会藏。

前视，鼻翼高挺，双耳垂肩，上有穿孔，身着袒右袈裟，双手合十，双脚直立，佩臂钏，手镯和足钏。通体圆雕，形神兼备。

深度结识

罗汉，阿罗汉的简称，最早是从印度传入中国的。有杀贼、应供、无生的意思，是佛陀得道弟子修证最高的果位。据佛经记载，十八罗汉原只有十六罗汉，都是释迦牟尼佛的得道弟子，后来在十六罗汉的基础上发展成十八罗汉和五百罗汉。关于十八罗汉后来补上的两位罗汉，说法不一。而五百罗汉，通常是指佛陀在世时常随教化的大比丘众五百阿罗汉，或佛陀涅槃后，结集佛教经典的五百阿罗汉。

知识链接

关于十六罗汉的图像方面，《宣和画谱》卷二载梁张僧繇有十六罗汉像一幅。他是否根据北凉道泰译的《入大乘论》，或者如湛然所说《宝云经》的记载而画，难以考定，但是我们知道当时佛教界对十六罗汉的崇奉并不普遍。唐玄奘译出《法住记》以后，到乾元中卢楞伽特爱好作十六罗汉像，《宣和画谱》卷二记载他有这类作品多种，又同书卷十中记王维也有十六罗汉图四十八幅。到了五代时这类绘画就更多起来，而以前蜀高僧贯休为最知名，贯休大师所绘的十六罗汉像姿态不拘，形骨奇特，胡貌梵相，曲尽其志，为罗汉画像中之名作。

关于十六罗汉的雕刻方面，最早的有杭州烟霞洞吴越国吴延爽造十六罗汉，计右壁内部二尊、前部四尊。左壁十尊。此十六尊的雕刻技巧同一手法；阮元《两浙金石志》曾载有烟霞洞吴延爽造像功德记。吴延爽是吴越王钱元瓘妻吴夫人的兄弟。宋代曾在此洞补刻僧像一、布袋和尚像一，作法浅陋，远不及前十六尊。可见《咸淳临安志》所记"原有石刻罗汉六尊，吴越王感梦而补刻十二尊，成为十八"之说，全出于附会。

从以上所述绘画和雕刻两方面来看，十六罗汉的尊崇是从五代时发展起来的，特别是在江南一带地区，并且由十六罗汉而演变成十八罗汉。

罗汉像因无经典仪轨依据，会随各代的艺术家来创作表现。通常是剃发出家的比丘形象，身着僧衣，简朴清净，姿态不拘，随意自在，反映现实中清修梵行，睿智安详的高僧德性。

什么是罗汉？

（撰稿：张丽明）

"宣和"经文玉勒子

宋代玉器。高5、直径1.4厘米。首都博物馆藏。

意 趣 点 击

　　勒子又称"蜡子"，是挂于胸前或腰间的玉饰，可单独挂，也可与其他玉饰组

合挂。虽然勒子看上去不大，但是其工艺却十分多。以常见形制来看，有圆柱形、

扁圆柱形、纺锤形、方柱形等；早期的勒子，纹饰一般以素面为主，后出现各种纹

饰，常见的有兽面纹、线形纹、谷纹、文字纹等；在雕刻方式上，则有平面线刻、

曲面线刻、浅浮雕、高浮雕、镂空雕等。"宣和"经文玉勒子通体各面均以双勾阴文刻楷书体《般若波罗蜜多心经》，共16行，292字。字形小如芝麻，笔触纤细如丝，娟秀飘逸，显示了纯熟高超的琢刻水平，是极为难得的铭刻玉器。末两行落款为"皇宋宣和元年冬十月修内司玉作所虔（qián）制"，可知系内廷玉作碾治，供皇族佩带。

深度结识

《摩诃般若波罗蜜多心经》，又称《般若波罗蜜多心经》，或简称《般若心经》、《心经》，是佛教中一部举足轻重的经典。因为《般若经》的诠释是以空性为主，而透过了解空性的道理能断除烦恼障而得到小乘的涅槃，即声闻及独觉的菩提果位；也能够透过认识空性的内涵，再加上福德资粮的圆满，能彻底断除所知障而获得大乘的涅槃，即无上菩提的果位。因此以了解空性这点而言，它能够贯穿三乘的缘故，可称它为三乘之母，诠释它的般若经亦称为母般若。《般若波罗密多心经》乃是《大般若经》的精髓，全部般若的精义皆设于此经，故名为《心经》。

知识链接

说到北宋"宣和"元年，就不得不提到集艺术家与亡国之君于一身的宋徽宗赵佶，在将"大宋收藏文化"引向顶峰的同时，他也将国家带向了万劫不复的深渊。

宋徽宗酷爱艺术，吹弹、书画、声歌、词赋无不精通。存世画迹有《芙蓉锦鸡》、《池塘秋晚》、《四禽》、《雪江归棹》等图。其瘦金体书法，更是独步天下，至今无人能够超越。这种瘦金体书法，挺拔秀丽、飘逸犀利，即便是完全不懂书法的人，看过后也会感觉极佳。传世不朽的瘦金体书法作品有《瘦金体千字文》、《欲借风霜二诗帖》、《夏日诗帖》、《欧阳询张翰帖跋》等。此后八百多年来，迄今没有人能够达到他的高度，可称为古今第一人。

宋徽宗在位时广收古物和书画，扩充翰林图画院，并使文臣编辑《宣和书谱》、《宣和画谱》、《宣和博古图》等书，对绘画艺术起了很大的推动和倡导作用。这些资料也成为今天研究古代绘画史的重要资料。除了收藏鉴赏历代名画，宋徽宗对金石也十分热衷，一度驱使天下臣民，为其搜罗铜器，更是带动了盗墓风气，因此"天下冢墓，破坏殆尽"。大观初年，宣和殿收藏大小青铜器仅五百多件；到了政和年间，皇宫里的收藏已达六千余件。据知，徽宗所得器物，由王黼考订编纂，分成二十类，共八百多件，是金石文物的精品。

宋徽宗这样一个传统文化的优秀继承与发扬者，偏偏生在了帝王家。此余爱好做到"天下一人"，却将奉职工作搞得一塌糊涂，毫无政治头脑的他重用奸臣、纵情声色，让腐败的毒瘤越长越大，最终让综合国力远远逊色于大宋的金人，捡了"天漏"。在遭遇"靖康之难"后，断送了国家和自己的性命，平生珍爱的古玩书画也随之散失异乡民间。

问 题 互 动

宋徽宗是怎样的一位皇帝？

（撰稿：张丽明）

小儿童趣——童子形玉佩

童子形玉佩

宋代玉器。高6.1、宽5.5厘米。中国国家博物馆藏。

意 趣 点 击

　　童子形玉佩玉质青白色，雕两童子，一童子右手屈臂上举，莲梗垂向左侧；另一童子左手持莲，右臂上举握住莲梗置于肩后。俩童子均身着窄袖上衣，短腿肥裤，交脚而行，极富生活情趣。两童子的发式及发丝细密的刻画，均符合宋代典型的玉器工艺风格。

　　宋代时期玉雕童子持莲的饰件，大都造型生动活泼，这基本上与宋代绘画、泥塑中的儿童形象一样。一般来说，童子的头部较大，后脑勺隆起；五官小巧集中，以阴线刻画的双眉纤细下斜，略呈八字形，而且眉宇间的距离较远，眼鼻口的轮廓似一阴线勾连，形成一种直鼻小口、天真稚气的神情。

深度结识

玉雕执莲童子首创于宋，为七夕节的重要供品之一，有执莲童子、持荷童子、磨喝乐、摩睺罗、莲孩、小玉人等多种称谓。关于童子造型的起因，说法不一。有学者认为与佛教有关。胡适认为"摩睺罗"系佛经中印度神话中的大黑天"摩睺罗伽"的音译，俗文学家傅芸子认为"摩睺罗"系借用佛教天龙八部之一大蟒神"摩呼罗伽"的梵文音译，还有些学者认为系佛祖出家前独生子"罗睺罗"的音译。这与"化生"习俗有关。元代僧人圆至注引《唐岁时记事》："七夕俗以蜡作乳儿形，浮水中以为戏，为妇人宜子之祥，谓之化生。"唐宋时供养这种土偶木偶小人，用来祝祷生育男孩，常常成为送给姻亲家的礼物，后来演变成了儿童玩具，捎带着连招人喜爱的人物也被称作"磨喝乐儿"了。还有一种说法，就是既与佛教的"莲花生子"，也与传统的"莲生贵子"说法有关。或许民间的信仰，就是这么一种杂糅的观念。

手持荷叶的小玉人是一种吉祥玉，自唐代出现"以蜡作乳儿形"始，至宋已成为盛极一时的风俗。无论是受佛教文化还是世俗文化的影响，供奉玩赏"磨喝乐"儿童偶，已成为宋代"七夕"时一种节令性风俗。玉器自然也引入了这一题材，这对玉器制作来说，也是一个很大的突破，便是淡化了玉器传统的宗法礼制功能，不断向世俗化、装饰化的功能演进。

知 识 链 接

入宋以后，绘画艺术获得很大发展，儿童题材成为广受民间及宫廷推崇的重要画科，民间流传有"一人、二婴、三山、四花、五兽、六神佛"之说。当时儿童题材画家辈出，如苏汉臣曾画有《秋庭戏婴图》、《婴儿群舞图》、《萱草婴儿图》等，其写婴儿"天机烂漫""深得其状貌而更尽神情"；李嵩亦画有《货郎图》等。同时，吉祥观念的图案也进入唐宋社会生活并反映于工艺美术品中。如唐代铜镜图案中出现了隐含吉祥意义的儿童形象。《铜仙传》载有："（唐代）桂子镜……幕文作两童、双丫莲、桂花叶之状，谜语'连生贵子'也。"以莲花、鱼及童子、瑞花、瑞果组合成的传统纹饰，通常被列为吉祥图案，它们演变为隐含对生命与生育礼赞的象征性造型。儿童具有健康自然之美，也是人类延续生命的象征。在封建经济下，人们希冀多子，尤其是男孩，来提高家庭生产能力和生活水平，这种观念大大推动了儿童题材的创作和流行。

问 题 互 动

执莲童子有何寓意？

（撰稿：张丽明）

意 趣 点 击

鹿形玉佩为青玉。半圆雕，鹿作跪卧状，昂首前视，双耳贴于角下。角为隆起状，称作"肿骨鹿"，角根部琢二排小圆点，上部琢一排小圆点，并以短阴线表示茸毛。四肢收于腹下，短尾紧贴右侧。另一侧面光素，有三对牛鼻孔，或称对穿孔。可作嵌插或佩饰之用。鹿的身体结构比例准确协调，加之绝妙的抛光技术，越发显示出玉质的天然美和造型的朴实美及秀巧美。卧鹿图案是宋代玉雕的重要题材之一。

鹿形玉佩

宋代玉器。高6.5、长10.6、厚约2.2厘米。北京市海淀区北京师范大学清代黑舍里氏墓出土。首都博物馆藏。

1962年7月，在北京市德胜门外小西天西南角发现了五座墓葬。其中，最为引人注目的就是黑舍里氏墓，墓主人竟然是一个七岁的小女孩。如此小的墓主人，竟然拥有数量众多、制作精美的器物，难免不让人浮想联翩。

通过小姑娘墓的墓志，我们得知，墓主人为黑舍里氏，法名叫众圣保，祖父是索尼，父亲是索额图，都是清朝初年权倾一时的朝臣。她从小聪明，三四岁就像成人一般，性格温厚，做事合乎礼数，孝敬长辈。因得了急病，突然死去。主人虽小，墓室也不大，却修建豪华，随葬品也很丰富，且多珍稀之物，其中以瓷器、玉器最为丰富和精美。尽管该墓在发现的时候已经有了盗洞，然而索额图倾尽爱心巧妙设计的墓室，使得厚葬文物得以保全，盗贼并没有得手。

知识 链接

玉质入土千百年后，由于土壤中微酸或微碱、潮湿的作用，会出现斑纹、钙化、石化的现象，叫做"沁"或"浸"，或叫"古"。大凡出土的旧玉，多遭土的侵蚀，带有各种色沁。前人认为，这色沁之妙，如同浮云逐日，舞鹤游天，富有无穷的奇致异趣，不仅悦人之目，且能悦人之心。但古玉纵然具有最美的色沁，如不加盘功，则将隐而不彰，玉理之色更不易见，玉性不还复，形同顽石。故前人十分重视和讲究盘玉之法。

刘大同在《古玉辨》曾将盘玉分为急盘、

缓盘、意盘三种，曰："急盘须佩于身边，以人气养之，数月质稍硬，然后用旧布擦之，稍苏，再用新布擦之，带色之布切不可用，以白布粗布为相宜，愈擦则玉愈热，不宜间断，若昼夜擦之，灰土浊气，燥性自然退去，受色之处自能凝结，色愈敛而愈艳，玉可复原，此急盘之法也。缓盘须常系腰中，借人气养之，二三年色微变，再养数年，色即鲜明，佩至十余年后，或可复原。此言秦汉之旧玉，若三代古玉，非六七十年不易奏效。诚以玉入土年愈久，而盘愈难，因其所受地气深入玉骨，非常年佩之，而精光未易露出也，此缓盘之法也。意盘之法，人多不解，必须持在手内，把玩之，珍爱之，时时摩挲，意想玉之美德，足以化我之气质，养我之性情，使我一生纯正而无私欲之蒙蔽，至诚所感，金石为开，而玉自能复原矣，此意盘之法与急盘、缓盘之法不同，面壁工夫，能者鲜矣！"古玉一经盘出，往往古香异彩，神韵毕露，逸趣横生，妙不可言。

盘玉有几种盘法？

（撰稿：张丽明）

祥鸟报春——鸟衔花形玉佩

鸟衔花形玉佩

宋代玉器。长4.5、宽4.6、厚0.8厘米。陕西省西安市南郊曲江池出土。西安市文物保护考古所藏。

意趣 点 击

鸟衔花形玉佩玉质洁白细腻。扁平体，镂雕一只展翅的飞鸟，口衔折枝花草，长尾飘逸上扬，尾端分叉。盛开的花朵位于鸟头之上。羽毛和叶脉用阴线刻画，层次分明。此造型为宋代出现的一种吉祥图案，名为"喜报春先"。

深度 结 识

宋代玉器在继承了唐代写实风格的基础上，出现了世俗化的倾向。宋代玉器礼仪性骤减，玩味甚浓，特别善用动植物组合图案。如动物口衔瑞草、飞禽戏于池塘等，就连小巧玲珑、弯身跳跃的鱼身上，也多缠有随波微荡的水草或荷花。这种将自然界中动人的生活画面巧妙地组合在一起，并加以艺术大师们的独特构思和娴熟技巧，使得作品更加自然生动，令人陶醉与遐想。

宋代花鸟形佩饰，造型常见凤鸟衔花或双鸟对舞、追逐状，并多与镂空的云朵、花草相互缠连。工艺手法追求神似、逼真的艺术效果。一般禽鸟多为圆点眼，少数作品也有圆圈和三角形眼。腹部轮廓边缘常排列一周短小细阴刻线，刀工刚直锋利。而伸展的双翅，除了饰有竖直的阴线外，还用一条横线分出羽毛的层次。整体造型简练生动，极富有生活情趣。

关 联 文 物

鳜鱼形玉佩　宋代玉器。长20.6、宽11.3、厚6.7厘米。故宫博物院藏。玉质青色，有轻微土黄色沁。扁平体，鳜鱼呈游走状，凸眼阔嘴，口衔荷叶枝，摆鳍甩尾，以细密阴刻线表示鱼鳞和尾鳍。玉佩造型为宋代出现的一种吉祥图案，名为"连年有鱼"。

玉器在宋代成了文物和文玩，皇家和民间均热情收藏。宫廷用玉之多也是空前的，并设宗正寺玉牒（dié）所和修内司玉作所。玉工则多来自民间"碾玉作"。民间玉作坊遍布杭州、平江、金陵、福州等地，为市民制作各种玉饰件。这样，长期以来帝王贵族用玉之风，逐渐流向了市间。《西湖老人繁胜录》记述了当时杭州"七宝所"店铺所贩玉器："珊瑚树数十株，内有三尺者，玉带、玉梳、玉花瓶、玉束带、玉劝盘、玉枕（zhěn）芝、玉绦环、玻璃盘、玻璃碗、菜玉、水晶、猫眼、马价珠，奇宝甚多。"《梦粱录》记载南宋临安道："大抵杭城是行都之处，万物所聚，诸行百市，自和宁门杈子外至观桥下，无一家不买卖者，行分最多，且言其一二，最是官巷花作，所聚奇异飞鸾走凤，七宝珠翠，首饰花朵，冠梳及锦绣罗帛，销金衣裙，描画领抹，极其工巧，前所罕有者悉皆有之。"

问 题 互 动

"喜报春先"是什么意思？

（撰稿：张丽明）

兽面纹玉卣

南宋。口径3.05～3.7、底径4、宽7.8、高6.85厘米，壁厚0.3厘米。安徽省休宁县城关朱晞（xī）颜夫妇合葬墓出土。安徽省博物馆藏。

意 趣 点 击

玉卣（yǒu）色青白，局部黄色沁和白斑。扁圆体，平沿直口粗颈矮圈足，足微外撇，颈部左右两侧琢耳，饰兽首，中钻孔为口，前后侧出扉棱，两边饰相对的龙纹，腹部左右两侧镂雕卧伏回首状小螭龙，前后雕刻兽面纹，通体抛光细致。

深 度 结 识

青玉、和田玉中数量最大的组成部分，其物质成分跟白玉相同相近，成因与白玉一样，都属于接触变质形成的，只因含微量元素铁而呈现出差异。

　　在和田玉发展的整个历史中，青玉有着数千年的使用历史，因数量巨大而一直扮演着重要角色，殷墟妇好墓中，所大量出土的和田玉多是青玉。从商周至战国，青玉始终是和田玉中使用数量最大的。直至汉代，白玉开始受到重视，但青玉也并没有被潮流淹没，始终在历史舞台中与白玉并行，受到人们的喜爱与推崇。

关联 文物

　　六角形金杯，南宋文物，高5.5、口径9.1、足径4厘米，重98.892克。安徽省休宁县城关朱晞颜夫妇合葬墓出土，现藏于安徽省博物馆。酒器，金质。六角形，口沿外侈，下腹微鼓，足沿外撇。口沿和足沿均饰两方连续雷纹带，内底饰三朵菱花穿环图案。纹饰一变唐代的鲜明艳丽为淡雅柔和，是宋代金银器的代表作。

问题 互动

　　卣的用途是什么？

（撰稿：张丽明）

意趣 点击

这件龙凤鱼形玉组佩，由以寓意长寿的镂雕绶带纹长方形玉饰、鎏金银链及下挂五件玉坠组成。五件玉坠的造型分别为：摩羯衔珠、双鱼衔莲、连尾对凤、双摩羯衔珠和单鱼卧荷。摩羯衔珠形玉坠呈青白色，摩羯为龙首鱼身，头生独角，嘴衔宝珠，背生双翅；双鱼衔莲形玉坠呈白色，双鱼腹鳍相接，双尾相连，眼腮微凸，口衔一茎双花开的并蒂莲；单鱼卧荷形玉坠上的鱼，伏在荷叶之上，荷叶旁有两个莲蓬；连尾对凤形玉坠，颜色白中泛青，玉坠上的双凤相对，凤嘴相接，翅膀展开，凤尾下垂，凤凰的腹部雕刻有菱形羽毛纹。

深度 结识

这件龙凤鱼形玉组佩，对龙、凤、鱼等吉祥题材的运用以及雕琢刻划中所表现出的写实风格，具有浓郁的中原文化气息，显示出辽地

龙凤鱼形组玉佩

辽代玉器。通长14.8厘米。1985年7月内蒙古自治区辽陈国公主墓出土。内蒙古博物馆藏。

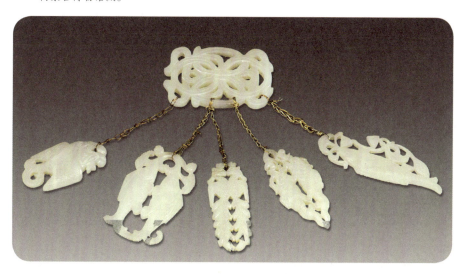

诸族文化的交流及玉器制作的发展水平。摩羯的形象出自佛经中的记载，它是法力无边的海兽，既能兴风作浪又能滋养人类，使人类得以生息繁衍。摩羯衔珠形玉坠，表达了人们希望获得佛祖保佑的愿望。双鱼是佛教八宝之一，象征着复苏、再生和永生，而所衔莲，尤其是并蒂莲，寓意夫妻和美，同心同德。单鱼卧荷，鱼和莲花，寓意连年有余、多子多孙。连尾对凤，又象征着婚姻幸福美满。可见，此玉组佩表达了夫妻间美好的爱情。

知 识 链 接

　　1985年6月，在斯布格图村西北修建水库时发现了辽陈国公主与驸马合葬墓。陈国公主墓构筑规模虽然不大，但随葬器物却非常丰富、精致。公主与驸马均头枕银枕，身着银丝网络，戴金面具，着银靴，胸佩琥珀璎珞，束带。公主头戴珍珠琥珀头饰，颈戴琥珀珍珠项链，两腕各戴一副金镯，每个手指各戴金戒指一枚，身佩金荷包、金针筒、铁刀以及各种玉佩和琥珀佩。驸马腰束金銙银鞢𮈾（diéxiè）带，带上挂银刀、银锥。整个墓中的随葬品多为金银、玉石、玛瑙、琥珀、珍珠、水晶等贵重材料制成，共用黄金1700克，白银1万余克。另外，还在墓中首次发现了木鸡冠壶、木围棋等。

　　辽陈国公主与驸马合葬墓，就其等级而言，是仅次于皇陵的重要遗存。在出土辽墓中，是迄今为止，保存最完整、规模最大、出土文物最多的墓葬。此墓的发现，对重新评价我国北方少数民族在缔造中华民族文化中的历史贡献，及深入研究辽代政治、军事、经济、文化、外交等提供了宝贵的实物资料。

问 题 互 动

"双鱼"有什么寓意？

（撰稿：屈罡）

玉臂鞲

　　辽代玉器。长9厘米，呈椭圆形瓦片状，两侧有穿孔，上系两条金链。1986年内蒙古辽代陈国公主和驸马合葬墓出土，内蒙古文物考古研究所藏。

意趣 点 击

　　臂鞲（gōu），是古代先民置于手臂之上的一种套袖，束缚衣袖以便于射箭及其他动作。汉以前中国古代的臂鞲，大体上可以分为射箭之用的射鞲和日常生产生活所用的臂鞲两类。而日常生产生活所用臂鞲，由于采用材质的原因，有时又作臂褠。最早的臂鞲应是射鞲，而用于日常生产和生活中的臂鞲则属臂鞲的次生形态。魏晋之际，由于受到来自西方和北方文化因素的影响，此时的臂鞲，开始出现了驾鹰的功用。南北朝之际，以臂鞲驾鹰之俗，已经成为南北常见的社会现象。至唐辽之际，这种现象则更属常见。

　　玉臂韝是辽代特有的具有实用功能的特殊玉饰，是契丹人的独特猎具，具有浓烈的民族特色。该物出土时套在驸马左臂上。早期考古人员因不知其用途所在，故在考古发掘报告中都将其定名为"瓦状玉饰件"。据专家考证，契丹人非常喜欢驯鹰，用经过驯化的鹰来协助猎捕动物。鹰栖于主人手臂上时，由于鹰爪比较锐利，容易抓伤主人的手臂，故契丹人发明了硬度远远高于皮革的玉臂韝，狩猎时将该物作为护具系在前臂上用以保护臂部，且不影响架鹰。

深度结识

　　辽国是与北宋同时代的契丹族所建，是生活在我国北方马背上的游牧民族，其经济生活的主要方式就是打渔、狩猎。契丹族的皇帝和贵族们大都精于骑射，喜好行围打猎，"四时各有行在之所，谓之捺钵"。契丹族围猎，按季节不同，春季捕鹅鸭、打雁，四五月打麋鹿，七八月打虎豹，此外，也射猎熊、野猪、野马，打狐、兔。围猎以骑射为主，辅以其他方法。关于辽国皇帝和臣子们出行围猎活动，《辽史》中有详细记载："秋捺钵：曰伏虎林。七月中旬自纳凉处起牙帐，入山射虎及鹿。林在永州西北五十里。尝有虎踞林，伤害居民牲畜。景宗领数骑猎焉。虎伏草际，战栗不敢仰视，上舍之，因号伏虎林。每岁车驾至，皇族而下分布泺水侧。伺夜将半，鹿饮盐水，令猎人吹角效鹿鸣，即集而射之。谓之舔碱鹿，又名呼鹿。"

　　契丹是中国古代北方草原的强族，兴起于4世纪，至13世纪为金所灭，共存在了近千年。在辽属故地，辽代的契丹贵族用以驾鹰捕猎的各式臂韝时有出土发现。除玉质、皮质臂韝外，出土文物中亦见金、银、铜和骨质臂韝。

玉柄银刺鹅锥　辽代玉器。长17.8厘米。辽代陈国公主和驸马合葬墓出土。辽、金草原民族驾鹰鹘狩猎时，如发现了天鹅或大雁等猎物，便将海东青放出去抓捕猎物，待其将猎物抓住后，主人策马赶上前去用银锥将猎物刺死。

关于此物的用法，在《辽史》中亦有详细记载："皇帝每至，侍御皆服墨绿色衣，各备连槌一柄，鹰食一具，刺鹅锥一枚，于泺周围相去五七步排立。皇帝冠巾，衣时衣，系玉束带，于上风望之。有鹅之处举旗，探骑驰报，远泊鸣鼓，鹅惊腾起，左右围骑皆举帜麾之。五坊擎进海东青鹘，拜授皇帝放之。鹘擒鹅坠，势力不加，排立近者，举锥刺鹅，取脑以饲鹘。救鹘人例赏银绢。皇帝得头鹅，荐庙，群臣各献酒果，举乐。"

这段文字生动而详细地描述了契丹皇帝携其子臣放鹰鹘捕鹅的场景，刺鹅锥的使用方法也记述得非常清楚。图中所示之物即为辽代陈国公主及驸马合葬墓出土，随葬时佩挂于驸马腰间，是契丹皇家贵族崇尚围猎活动的最好物证。

问 题 互 动

玉臂鞲的用途是什么？

（撰稿：杜晓君）

憨熊萌卧——玉熊

意 趣 点 击

这件玉熊摆件为陈设品，一般置于案头，可用作镇纸，亦可拿在手中把玩。熊弓身伏卧，双目钻圆孔，应曾嵌宝石类作为眼珠，现已脱落，留二圆孔。小耳尖嘴，脖背及尾部巧妙利用玉料的皮色雕出金褐色鬃毛及尾毛。憨态可掬，煞是可爱。这件玉熊所用玉料应为一块和田白玉带皮籽料，随形就势雕琢而成，玉质洁白温润，故工匠并没有过多地雕刻纹饰，更多地保留了玉料本来的光素本色。辽人用玉，崇尚白玉，尤其推崇和田白玉，从这件玉熊的材质可见一斑。

玉熊

辽代玉器。高3.8、宽6.5、厚1.5厘米。1978年内蒙古赤峰巴林右旗白音汉辽代窖藏出土。巴林右旗博物馆藏。

深度 结识

内蒙古地区目前所见辽代出土玉器大多采用白玉制作，所用玉料应来自新疆和田。契丹族于8世纪崛起于草原，逐渐称霸中国北方。辽太祖建国之初，和州回鹘便从西域来贡，进行贸易交往。波斯、大食等国也先后朝贡于辽。到辽圣宗时，这种交往更加频繁。《契丹国志》卷二十一记载："高昌国、龟兹国、于阗国、大食国、甘州、沙州、凉州，以上诸国三年次遣使。约四百余人，至契丹贡献玉、珠、犀、乳香、琥珀、玛瑙器。"《天工开物》云："凡玉入中国，贵重用者尽出于阗葱岭。"由此可见，辽代玉器原料应该是以进贡或通过商业贸易的方式从自西域诸国而来。

知识 链接

辽代玉器多出自辽代墓葬和窖藏，品种多以佩件装饰玉为主。玉器的造型风格具有浓厚的契丹民族文化特色，其中也包含汉族和西亚文化因素。契丹族虽然是生活在北方的游牧民族，但其民族习性较为开放，在玉器的制作题材上也是非常随意自然，不受任何程式化的束缚。

1986年辽陈国公主墓出土玉器。玉质多为白色，细腻光洁，晶莹滋润。玉佩和饰件的造型有龙、凤、鱼、鸳鸯、鸿雁、海螺、猴、蛇、蟾蜍、蜥蜴、蝎子、摩羯、马形和狻猊（suānní）形等形象。还有象征性的工具形刀、剪、锥、锉等玉饰件。佩饰中的圆雕鸳鸯、鸿雁，均为双双交颈伏卧形，造得极其生动感人，充满了情趣。鱼形玉佩也是成双成对。这种造型与辽代贵族生活密不可分。契丹旧居潢河、土河间（今赤峰地区的西拉木沦河、老哈河），四时捕鱼。契丹贵族佩饰喜用熊、鸳鸯、鸿雁、鱼的造型，与契丹贵族喜欢钓鱼以及四季捺钵游猎习俗有关。龙、凤和具有五毒形象的蛇、蟾蜍、蜥蜴、蝎子等玉饰，显然是受了汉族传统文化的影响。摩羯来自印度，从这里也反映出契丹族吸收和融合西方文化的因素。

契丹族玉器的造型，不仅有多元一体的特点，而且还有一器多用的功能。既是装饰物，又是实用器。鱼形盒、螺形瓶等，可装纳随身携带的香料或小件物品。这种集装饰、实用功能于一体的玉器，是为适应契丹人游牧生活的需要而设计，是契丹族玉器的又一特点。

问 题 互 动

辽代玉器有什么特点？

（撰稿：杜晓君）

意 趣 点 击

　　这件鱼形盒式玉佩由三部分组成：一件鱼形盒、一件长方形镂空玉饰和几颗琥珀珠、绿松石用金丝穿连而成。玉盒由整块白玉雕成鱼形，从中剖开一分为二，两个对合面内部凿空，以子母口相扣合。鱼的眼、腮、鳍（qí）、尾等部用细阴刻线表现，线条简约。这件鱼形玉盒佩饰悬挂于腰部，可用来装纳香料、药丸等随身携带的细小物品，既是装饰物，又是实用器。这种集装饰、实用功能于一体的玉器，是为适应契丹人游牧生活的需要而设计，也是契丹族玉器的独特之处。

鱼形玉盒

　　辽中期玉器。1986年内蒙古自治区辽陈国公主和驸马合葬墓。内蒙古自治区文物考古研究所藏。

深度 结识

陈国公主墓中出土的大量精美文物中，除了这件鱼形玉盒佩，还有鱼形玉组佩、双鱼玉佩、鱼形琥珀盒等。可见鱼在契丹人的生活中有着非常重要的地位。"凿冰钩鱼"是契丹人的独特钓鱼方式。

宋人程大昌在《演繁露》中曾详细描述了辽道宗在达鲁河钩鱼的情景：每年正月上旬，契丹皇帝起驾而来，在冰上屯营设帐。先派人在达鲁河上下游十里之间用毛网截鱼，再将鱼驱赶到冰帐附近。在营帐附近的冰面上凿开四个冰眼，其中三眼只把冰层凿薄不透水，用来观察鱼群的动向。中间围住一眼将冰层凿透露出水来，用来下钩钩鱼。等鱼从冰眼中冒头透气时，契丹皇帝将拴在绳子上的鱼钩投入冰眼即可将鱼钩住。鱼儿挣扎片刻，收绳将鱼拽起便大功告成。这叫做得头鱼。皇帝钩得头鱼之后，便置酒设宴，与群臣庆祝。

关联 文物

螺形玉瓶佩　辽中期容器式玉佩。通长23厘米。由一件螺形玉瓶、一件扁桃形玉环、两颗深蓝色琉璃珠和两颗绿松石以银丝穿系而成。这套玉佩的主体——螺形玉瓶高7.6、长5、宽4.2厘米，白玉质，局部有褐色沁斑。螺身琢有鳞纹，腹空带盖，盖、身均有穿孔。扁桃形玉环位于最上端，以银丝穿过2颗蓝色琉璃珠与螺瓶相连。1986年出土于内蒙古自治区奈曼旗青龙山镇辽陈国公主和驸马合葬墓，内蒙古自治区文物考古研究所藏。

问题 互动

凿冰钩鱼是怎么回事？

（撰稿：杜晓君）

意趣 点击

　　玉飞天玉质白色，两飞天面部均为男相，体态清癯（qú），俯身昂首，双掌合什于胸前，肩披飘带，臂、腕戴钏，腰系丝带，脚向后伸，身下有浮云，呈侧身飞翔状。奇特的是，从头顶向后弯曲伸出一如飘带般的角状物。造型生动简洁，有较强的艺术效果。具有契丹民族典型风格。

深度 结识

　　玉质飞天作为配饰最早出现于唐代，兴盛于辽代。宋代虽有出土之物证，但并不多见。辽代出土飞天到目前为止所见相关记载也只有四件，但传世品数量较多。唐玉飞天多呈女相，面部丰满，体态丰盈，身姿婀娜。宋代飞天虽造型不及唐飞天优美，但线条琢刻更为精细。辽代飞天多见侧面男相，除了作为配饰外，还出现在石棺、佛塔等表面雕刻纹饰中。飞天多以和田白玉雕琢而成，象征着诸神所栖居的世界是一片净土，表达了人们笃信的诚心和祈求神灵护佑降福的愿望。

玉飞天

　　辽代佛教用玉。共2件。均长4.6、宽3.5厘米。辽宁省喀左县白塔子辽墓出土。辽宁省博物馆藏。

关联 文物

青白玉飞天　唐代玉器，长7.1、宽3.9、厚0.7厘米，青白玉质，局部有浅黄色沁斑。此件飞天面部为女相，面容娇美，云鬓高髻，神态端庄，体态丰盈，身披彩带，斜倚于三朵祥云之上，清宫旧藏，北京故宫博物院藏。

知识 链接

飞天，佛家语，即乾闼婆（Gandhanra），又作犍闼婆、犍闼缚、紧那罗，是佛教中天帝司乐之神。飞天是非男非女的无性仙人，是天龙八部神之一。其主要职能是供奉佛陀和天地。据佛教传说，飞天"不喫酒肉，惟嗅香气"，飞行于天空，专采百花香露，能乐善舞，向人间撒花放香，造福人类，是欢乐吉祥的象征。

"飞天"一词，在汉译佛典中最早似见于西晋竺法护译于永嘉二年(公元308年)的《普曜经》卷四之《告车匿被马品第十三》，其文曰："菩萨舍国，威圣无限，心自念言，欲作沙门，志在寂静，威仪礼节，游行至山水边定止。天玉知心，飞天奉刀来，帝释受发，则成沙门。"飞天最早诞生于古印度，东汉末年随佛教传入中国，与道教的羽人、西域飞天和中原飞仙融合为一，最终形成中国特色的飞天。曾出现于石刻、金铜造像和壁画上。唐代壁画中的飞天形象最为多见。莫高窟的492个洞窟中，几乎皆画有飞天。常书鸿先生在《敦煌飞天大型艺术画册·序言》中说飞天总计4500余身。

问题 互动

飞天在印度佛教中是什么神？

（撰稿：杜晓君）

羊距骨形玉佩玉质洁白莹润，外形酷似羊距骨，凹面腰部有穿孔，可用于穿系佩挂。采用圆雕工艺，雕琢得十分逼真，整体打磨精细光滑。腰部有穿孔，当为佩饰。距骨又称胫跗骨，在东北地区俗称"嘎拉哈"，是一种北方游牧民族妇女和儿童的传统游戏，多为猪、牛、鹿、袍子等四蹄动物的距骨所制。因羊距骨体积大小适中，利于抓取，故以羊距骨最为多见，又称为"羊拐"。至今，在东北地区仍有玩"嘎拉哈"的风俗。

嘎拉哈娱——羊距骨形玉佩

羊距骨形玉佩

　　辽金时期玉器。长3.2、宽2.2厘米。中国国家博物馆藏。

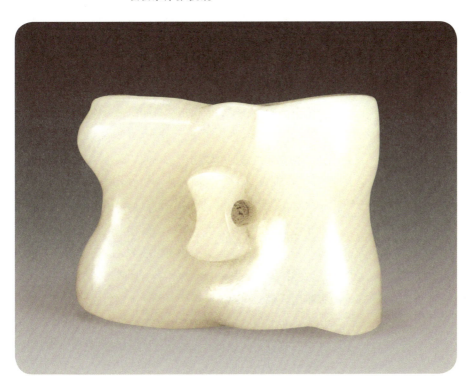

嘎拉哈是满、锡伯、鄂温克语的音译，类似现在北京人所说的"羊拐"（羊的大小适中）。在清代的正式汉文写法是"背式骨"，原指兽类后腿膝盖部位、腿骨和胫骨交接处的一块独立骨头。狍子骨的嘎拉哈比较小而方正，好看，四面也比较平整，所以是上等的嘎拉哈，但狍子的嘎拉哈比较少，所以与狍子骨相近的羊骨更加流行。相比起来，牛骨太大，很难能一手抓四个，而猫骨太小，很难控制特定的面，所以玩牛骨和猫骨的人很少。现代有用塑料制，就不受这些限制了。传说金兀术小时候师傅曾要求他去取过熊和鹿的嘎拉哈，因此人们让孩子玩来鼓励他们变得勇敢。

　　嘎拉哈也叫子儿，以四个子儿为一副。一般是长方体，两个大面，两个长条面，还有两头的面比较小，形状不规则。一般游戏时只玩四个比较大的面。不同的地域和民族对各个面的叫法不同："珍/针/支"、"轮/背/拐"、"壳/坑"、"肚"。游戏时需要一个沙包（六面立方形布口袋），内装沙子或大米、玉米或黄豆等颗粒状)，再有一块报纸大的坚硬、平实的场地。玩的时候只许用一只手，先将沙包抛起，在沙包落地之前摆好嘎拉哈，再接住沙包。根据抓起嘎拉哈的形状不同，得的分数也不同。再抛起沙包，将嘎拉哈放下，同时碰地上原有的嘎拉哈，使它们的形状变化，更容易寻找自己下次抓的对象。抓嘎拉哈时碰动不需要抓的为坏，抓起嘎拉哈没接到口袋为坏。玩的时候，最少可以一个人，最多可以很多人，分成两伙儿进行对抗赛。有的一替一次轮流抓，有的只要不"坏"就连续抓下去，哪伙先抓够一定的数哪伙就赢。比较高难的游戏里，也有扳很难站立的第五面、第六面的，但那大多是因为一些嘎拉哈的形状比较特殊，或是被磨平过，才有可能站住。

最初，嘎拉哈被当做财富的标志、吉祥的象征，后神化为"定福祸决嫌疑"的占卜工具，视"觯者为凶，合者为吉"，"珍背为吉，驴坑为凶，珍包子为大吉"。有的民族祭祖时用六只羊嘎拉哈表示六畜兴旺，用羊肚子上边的一根皮筋连结四个羊蹄子等，求吉驱邪。满族、锡伯族将嘎拉哈装入"妈妈口袋"，平日放在祖宗匣内。在满族、达斡尔族的婴儿摇车两侧、鄂温克、鄂伦春、赫哲族近似摇车的筐篓的底上部都系挂嘎拉哈，似有趋吉辟邪保平安之意。

把动物的距骨当做玩具，这是北方游牧民族早期家畜饲养业发达的一种反映。这种风俗后来对汉族人也有影响，这种游戏明朝时北京就已流传。明刘侗、于奕正《帝京景物略》中有记载："是月羊始市，儿取羊后胫之膝之轮骨，曰贝石，置一而一掷之。置者不动，掷之不过，置者乃掷；置者若动，掷之而过，胜负以生。其骨轮四面两端，凹曰真，凸曰诡，勾曰骚，轮曰背，立曰顶骨律。其顶岐亦曰真，平亦曰诡。盖真胜诡负而骚背闲，顶平再胜，顶岐三胜也。其胜负也以贝石。"

问 题 互 动

请问你们家乡玩"羊拐"么？怎么玩法？

（撰稿：杜晓君）

大鹏金翅——人面鸟形玉佩

　　这件造型独特的鸟形玉佩在佛教用语中被称为"迦楼罗神鸟"，身体呈卧伏状，圆形片状，正面微凸，下半部浮雕一人首，水滴形双目，眼瞳凹陷处似应曾镶嵌宝石，现已脱落，只留凹痕。双眉呈火焰状，头戴发箍，以细阴刻线表现。鼻部圆形饱满突出。鼻下鹰喙，两侧有对穿孔。双耳佩戴耳环。双臂较短向内弯曲，四趾双爪微收并置于喙前。双翅向后聚拢紧贴身体。尾部上扬呈扇形，与翅尖相搭连。器背面为深凹状，下部雕有圆环，边缘有三对等距对穿孔，可缀连在其他器物上。据此可判断此类造型玉器应为嵌饰，在辽金时期甚为流行，传世品较多见。通常迦楼罗以三种形象出现：人面鸟身、鸟面人身或全鸟身。

人面鸟形玉佩

辽金时期玉器。长7.2、宽6.1、厚1.7厘米。故宫博物院藏。

深度 结识

"迦楼罗神鸟"，后来演变为我们所熟知的金翅鸟或大鹏金翅鸟。《西游记》狮驼岭一章中的大鹏怪，即三大王，就是这只神鸟的化身："金翅鲲（kūn）头，星睛豹眼。振北图南，刚强勇敢。变生翱（áo）翔，鷃（yàn）笑龙惨。抟风翩百鸟藏头，舒利爪诸禽丧胆。"这个是云程九万的大鹏雕，双翼展开有三百三十六万里，飞速极快，连孙悟空都奈何不了他，最后还是如来出面将其降服。

知识 链接

"迦楼罗"一词来源于印度神话中的一种巨鸟，为天龙八部护法神之一。据说，此鸟生下来体型巨大，尤其是双翼展开有三百三十六万里，遮天藏日。其翅羽呈五彩色，有种种庄严宝色，头上生有如意珠。此鸟以龙为食，每天要吃一条龙（大蟒蛇）及五百条小龙（蛇）。到它命终时，诸龙吐毒，无法再吃，于是上下翻飞七次，飞到金刚轮山顶上命终。因为它一生以龙（毒蛇）为食物，体内积蓄毒气极多，临死时毒发自焚，只剩一个纯青琉璃心。

中国最早的迦楼罗形象出现在敦煌壁画中。《造像量度经》中这样描述金翅鸟：人面，鸟嘴，牛角，腰以上为人身，腰以下是鸟体，头面青色，脖颈至胸红色，肚腹白色，腰以下黄色，翅尾绿蓝交杂，两角间饰以摩尼宝珠，身上又有耳环项圈、璎珞臂钏，双翅展开欲举。它的每一个部位都有象征意义：头顶表示布施；以龙为食（吞下愤怒，产生慈悲）表示忍辱；鸟形嘴表示精进；牛角表示持戒；手表示禅定；眼表示智慧，有慧眼能观十方世界、五道众生。据说它位于佛的头顶，如果佛外出行走，金翅鸟便在天空盘旋飞行，保护佛的安全。在佛像的背光上常能看到雕刻有金翅鸟的形象。

迦楼罗崇拜随着印度教和佛教的传播，在东亚、东南亚和南亚地区，都有很大的影响。在中亚和南西伯利亚受到藏传佛教影响的地区也存在此鸟的神话。人们把迦楼罗当做力量、忠心的象征加以崇拜。泰国国徽、印度尼西亚国徽、蒙古国首都乌兰巴托市徽上都有迦楼罗神鸟的形象。在我国中原地区的佛教寺庙中，迦楼罗常常以观世音化身之一的形象出现。我国西南地区的白族将迦楼罗与本民族的金鸡形象结合在一起以之为镇水患之神加以崇拜。

天龙八部：是佛教概念，指佛教护法中以天、龙为首的八种神话种族，包含天众、龙、夜叉、阿修罗、迦楼罗、乾闼婆、紧那罗、摩睺罗，故称"天龙八部"，又称龙神八部、八部鬼神、八部众等。

问题 互动

《西游记》中的大鹏鸟是什么样子？

（撰稿：杜晓君）

荷展龟现——龟巢荷叶纹玉佩

这对玉佩呈椭圆形扁平状，青白玉质，温润细腻局部有褐色沁斑，由一块玉料对剖一分为二制成。两件玉佩造型一致，图案呈对称分布，主题纹饰为"龟立荷叶"。以浮雕、透雕技法分三层琢出纹饰。最下一层为茨菰（cígū）叶与密集的水草纹，雕琢细致，叶脉似在水中飘动。中间一层为两片宽大的荷叶错落叠压，卷曲的齿形叶边，自然生动。叶面用单阴线表现出叶脉的纹理，栩栩如生。最上一层在两片荷叶中心各凸琢一只四肢伸展、缓缓爬行的小龟，龟背上以双阴线琢出六角形甲纹，头尾毕现，相向而行，动感十足。玉佩的另面以粗犷的刀工琢刻出枝梗，极富立体感。这对玉佩质地精良、构思巧妙、造型生动，雕工精细，抛光极佳，为金代高超玉雕技艺的代表作。

龟巢荷叶纹玉佩

金代玉器。单件均长10、宽7、厚1.3厘米。1980年北京市丰台区乌古伦窝伦墓出土。首都博物馆藏。

龟的形象自古即被人们作为吉祥长寿的神灵之物加以崇尚。红山文化中就已出现玉龟的造型。而荷花"出淤泥而不染，濯（zhuó）清涟而不妖"的高洁形象更为古今所称颂。"龟巢荷叶"最早见于《史记·龟策列传》："龟在其中，常巢于芳莲之上。"晋代葛洪《抱朴子》中也有较为翔实的描述："千岁之龟，五色俱全，解人之言，浮于莲叶之上。"《宋书·符瑞志》载："灵龟者，神龟也。王者德泽湛清，渔猎山川，从时则出，五色鲜明。三百岁游于蕖叶之上，三千岁常游于卷耳之上。"这一题材表现了"王者德泽湛清"的符瑞之意。

　　"龟巢荷叶"是当时比较流行的玉雕题材，在帽顶、带饰中亦可见到。"龟游"，即为"归游"之意，寄托了人们"记得住乡愁"的美好愿望。

关 联 文 物

　　白玉绶带鸟衔花佩　金代玉器。扁圆形，正面略呈弧形。直径6、厚约0.5厘米。白玉质，润洁细腻。玉佩镂空雕琢出五瓣形花朵，花蕾、枝叶叶脉清晰，叶齿整齐。单阴线刻格子纹表现鸟儿丰满的羽毛。背面碾琢粗犷，光素。器物造型新颖，琢刻碾磨精细，抛光甚佳。绶带鸟的"绶"与"寿"字谐音，故绶带鸟是福

寿的象征。1980年北京市丰台区乌古
伦窝伦墓出土，首都博物馆藏。

花形玉环佩　金代玉器。直径4.9
厘米。玉质白色。平雕六瓣花形。正面
外缘微凸起脊，背面扁平。整器抛光极
佳。1980年北京市丰台区乌古伦窝伦
墓出土。首都博物馆藏。

知 识 链 接

　　1980年5月，在北京市丰台区五佐乡米粮屯村的一个制砖厂里，几
个取土的工人从一个洞口发现了一座巨大的石椁墓，这就是当年轰动一
时的"大金故金紫光禄大夫乌古伦公"墓。从墓志得知墓主乌古伦窝
伦，葬于金大定二十四年(1184)，距今已有800余年历史。这是北京地
区首次发掘有明确纪年的女真贵族墓。此后又在附近陆续发现了三座墓
葬，其中还有其子乌古伦元忠夫妇合葬墓。这四座墓葬虽然都被盗掘
过，依然有三合墓志保存完好，分别是：乌古伦窝伦墓志、乌古伦元忠
墓志和鲁国大长公主墓志。在窝伦墓中出土了四件精美的玉饰若干瓷
器，使我们对金代的工艺水平有了新的认识。

　　乌古伦窝伦家族是金初的名门大户。窝伦随太祖完颜阿骨打起兵，
协助太祖征辽创业，还当了完颜阿骨打的女婿。其子乌古伦元忠更被
金世宗"倚之为股肱"，不仅官拜右丞相，还娶了金世宗最疼爱的长
女——鲁国大长公主为妻。父子二人不仅都当了金朝驸马，还有不止一
位的乌古伦氏女嫁入女真皇室为后妃，可谓风光一时。

问 题 互 动

龟巢荷叶有什么寓意？

（撰稿：杜晓君）

金玉逍遥——折枝花形玉佩

意趣 点击

这件造型独特的玉雕饰品，经著名学者孙机先生考证定名为"玉逍遥"，为金代贵族妇女日常所戴帽子上的玉饰品。正面用浮雕、透雕等技法，琢刻出枝叶交相缠绕的两朵八瓣形花朵，花瓣略内凹，琢刻精细。枝叶肥厚卷曲，舒展有序，用单阴刻线表现出叶脉的经络，生动鲜活。长长的两条圆润的枝梗相对弯曲缠绕围出一个椭圆形孔，背面以简洁的刀工刻出枝梗。此器设计奇巧，精工细雕，抛光甚好，是金墓出土玉器中的佳品。

折枝花形玉佩

金代玉器。长9、宽7.2厘米。玉质青白色。近椭圆形，扁平体。北京市房山区长沟峪金墓出土。首都博物馆藏。

深 度 结 识

　　这件折枝花形玉佩最初曾被定名为"锁佩"，实为之前对金代服饰及相关文物了解甚少所致。1988年，金代齐国王完颜晏夫妇合葬墓在黑龙江阿城被发现，保存完好，未经盗掘。墓中出土的大量精美文物使我们对金代的服饰及其玉饰品有了一个全新的认识。墓中王妃头戴圆顶头巾，"后部用巾带穿过一对竹节形金巾环加以结扎，余下的长带垂于两侧。头巾的背面还缀有一片对鹊形玉饰件"。这件玉饰件上有两只练鹊躬身相向，两喙相接，共同衔住一朵花蕾。两只鸟儿的腿部并拢向内，两爪相接，左右对称围成弧形，下衬卷云纹。整个玉饰造型为椭圆形，有一种对称稳重之美。《金史·舆服志》载："妇人……年老者以皂纱笼髻如巾状，散缀玉钿于上，谓之玉逍遥。"对照实物及书上的描述，我们可以得出这样的结论：这件出土金墓的折枝花形玉饰品即为玉逍遥。

关 联 文 物

　　鹤形玉佩　金代玉器。长6、宽8.2、厚0.6厘米。玉质青白色，近椭圆形扁平体。正面以透雕的技法琢刻出一对弓身相对的飞鹤，口衔灵芝，喙尖相对，两条长腿并拢后又与对方相互交叉，两尾相对，左右对称，尽显仙鹤的婀娜身姿，又不失平

衡稳定之态势。为金代玉器之精品。北京市房山区长沟峪金墓出土。首都博物馆藏。

知 识 链 接

这两枝八瓣形花朵名为"琼花"，又称聚八仙、蝴蝶花。每年的四五月间开花，花大如盘，洁白如玉。聚伞花序生于枝端，周边八朵为萼片发育成的不孕花，中间为两性小花。琼花是我国特有的名花，现为扬州市花，自古以来有"维扬一株花，四海无同类"的美誉。文献记载唐朝就有栽培。它以淡雅的风姿和独特的风韵，以及种种富有传奇浪漫色彩的传说和逸闻逸事，博得了世人的厚爱和文人墨客的不绝赞赏，被称为"稀世的奇花异卉"和"中国独特的仙花"。欧阳修曾作诗赞曰："琼花芍药世无伦，偶不题诗便怨人。曾向无双亭下醉，自知不负广陵春。"

《金史·舆服志》上说，"妇人……年老者以皂纱笼髻如巾状，散缀玉钿于上，谓之玉逍遥。"对照实物及书上的描述，我们可以得出这样的结论：这件出土金墓的折枝花形玉饰品即为玉逍遥。

问 题 互 动

扬州市花是什么花？

（撰稿：杜晓君）

童子形玉佩

金代玉器。高5.8、宽3.4、厚2厘米。玉质青白色，有浅褐色沁斑。故宫博物院藏。

意趣点击

　　这件人物立雕作品刻画的是一位活泼可爱的小男童，梳着女真族男孩的传统发式——三丫髻，一髻置于头顶正中，另两髻各置于两侧耳朵的上方。面部刻画写意，仅用打洼的方式表现五官轮廓，点到为止。小童身着短衣，衣襟大敞，露出里面的小衣。下身所着肥腿裤，局部用几条阴刻线表现出衣纹的褶皱。两腿前后交叉，作行走状。左手握拳，右手托着小只比鸽子略大的鹰隼（sǔn）——鹘（gǔ），即海东青。海东青的身体呈直立状，头部上扬，面朝童子，双翅紧紧收拢，显然是一只经过严格驯化的海东青。

目前所见最早的童子形象出现在唐代的瓷器上。到了宋代，由于商业发展经济繁荣，促经了市民阶层的不断扩大。为满足这一庞大人群的消费需求，玉雕作品也更加趋于世俗化，不再仅为帝王、贵族服务。大量童子形象出现在瓷器、绘画等艺术作品中。玉雕童子更是受到了广泛喜爱，不仅普通百姓喜欢佩戴玉雕童子，连皇帝也不例外。《西湖志馀》就记载了宋高宗所佩童子玉坠失而复得的故事。宋代玉童大脑袋圆脸，八字眉，葱管小鼻，樱桃小口，造型生动，形态各异，活泼可爱，人见人爱。最常见的形象是持荷童子。

辽、金是与宋朝长期对峙的北方政权，显然受到中原文化的深刻影响，他们的玉雕作品中也出现了童子的形象。不过他们的童子与中原的童子形象完全不同，除了外在形象、发式、服饰的差异，更多地融入了本民族的独特个性。童子手中持得不再是荷叶，而是变成了从小与之为伴的海东青，这与他们以渔猎为主的生活方式是完全相符的。这种架鹘童子在辽代玉雕作品中亦可见到。

趣吧博物
QUBABOWU

关联 文物

架鹘童子 辽代玉器。高6.4、宽2.7厘米。圆雕立童，头顶留一条发。系带。穿左衽窄袖袍，腰、背系绦，佩刀，已残缺。双手置于胸前，右手腕部架一只鹘。辽金时期，皇室贵族盛行驯养鹘来助猎。中国国家博物馆藏。

知 识 链 接

　　海东青：又名矛隼、海青，是隼属猛禽中最大的一种，是一种体型较小但敏捷凶猛的鹰，善于捕捉天鹅、大雁等鸟类。分布在北极以及北美洲、亚洲的广大地区，在中国原产于黑龙江、吉林等地。其品类大致可分为秋黄、波黄、三年龙、玉爪等，其中纯白色的玉爪最为珍贵。海东青即肃慎语"雄库鲁"，意为世界上飞得最高和最快的鸟，有"万鹰之神"的含义。传说中十万只神鹰才出一只"海东青"，是契丹、女真等北方草原族民在狩猎中的得力助手。《本草纲目》对之亦有记载曰："雕出辽东，最俊者谓之海东青。"康熙皇帝也曾赞美海东青："羽虫三百有六十，神俊最数海东青。性秉金灵含火德，异材上映瑶光星。"

　　女真族人从小生活在马背上，与海东青为伴，善骑射。北方恶寒的天气造就了其强悍的民族性格。看到架鹘行走的玉雕小童，难免会联想到我们所熟知的晚清八旗子弟提笼架鸟的纨绔形象。二者虽然架的都是禽类，但显然有本质的差异。

问 题 互 动

满族人为什么喜爱海东青？

（撰稿：杜晓君）

春水弋猎——『春水』图玉佩

意 趣 点 击

　　"春水"图玉佩基本造型为圆形扁平体，正面弧状微凸，主题纹饰为一只镂雕的天鹅藏匿（nì）于一朵巧雕荷叶之下，嘴微张，双翅伸展，作回首惊恐状，正欲仓皇逃去。一只体态娇小的海东青瞬间俯冲至天鹅面前将要发起攻击。玉佩背部为椭圆形环托，两侧有横穿孔，鹅尾下方亦有利用水草纹卷曲而形成的椭圆形穿孔，利用穿孔可将玉件缚结在头巾上。据学者考证此件玉佩应名"玉瓶花"，为金人所戴头巾两侧之巾环。原为一对，仅余一枚。

"春水"图玉佩

金代玉器。长7.5、厚2厘米。玉质青白色，局部有褐色沁斑。故宫博物院藏。

深度 结识

　　关于春水、秋山玉的概念，最早是由著名学者杨伯达先生考证提出的。据《金史·舆服志》载："金人之常服，其束带曰吐鹘。吐鹘以玉为之……其刻多如春水秋山之饰。""皇帝如'春水'、'秋山'时束玉带，刻琢'春水'、'秋山'之饰……金人常服玉带为上。庶人禁用玉。"可见春水、秋山实为女真族仿照辽人四时捺钵之制而进行的渔猎活动。"捺钵"为契丹人"四季游猎为讳寒避暑所建之居处"，代指春秋渔猎之活动。金人将辽人的春、秋"捺钵"改为"春水"、"秋山"，形成自己的一套礼仪制度，并在玉器的纹饰上表现出来。这一时期的玉器最常见的图案纹饰出现了反映辽、金贵族"春捺钵"和"秋狩"活动内容，表现出其鲜明的民族特色和生活习性。"春水"、"秋山"玉，是这一时期的标志性作品。

关联 文物

　　鹅穿莲绦环　元代玉器。长径9.6、短径8厘米。此器在椭圆形的环托上以多层镂雕的方式表现出鹅穿莲的场

景。悠然自得的天鹅口衔水草，穿行于密布荷花与荷叶池塘，鹅翅舒展，上刻精细的阴线表现出羽毛的丰满，为元代春水玉的代表作。这也是与金代春水玉的区别。现藏中国国家博物馆。

知 识 链 接

通常所见春水玉图式有三种：一、镂雕荷芦鹘攫鹅，一般为双层镂雕，天鹅(雁)与鹘、荷在同一平面，其下为茨菰、荷梗等水草纹。天鹅(雁)的头部穿过水草，躲藏于荷芦水草间，作惊恐逃匿状。场面生动，纹饰复杂；二、圆雕一鹘一鹅（雁），鹘居鹅（雁）首正啄其头部，鹅煽动双翅呈挣扎状；三、圆形环托上琢一鹘啄鹅，鹅下鹘上，无其他装饰纹样。画面简洁，一目了然。

史载，鹘（即海东青）捕天鹅时，先使天鹅等禽鸟受惊飞起，再放海东青追猎。海东青虽体态娇小但性格极其凶悍，而天鹅身体肥大，略显笨拙。海东青经常从天鹅头顶斜上方突然俯冲，直奔天鹅头部啄其头眼，迫其降落，再由猎人用刺鹅锥将其刺死。此件玉佩即为标准鹘攫鹅春水玉图式。

问 题 互 动

海东青是怎么捕捉天鹅的？

（撰稿：杜晓君）

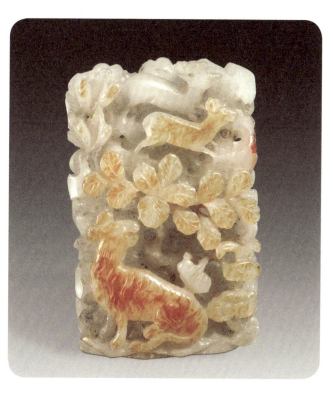

"秋山"图玉佩

金代玉器。高6.5、宽4.5、厚1.6厘米。青色玉质，扁平体，局部有红褐色玉皮。双面雕工。故宫博物院藏。

意趣点击

　　玉佩的一面雕琢的虎鹿山林图，画面左下方浮雕一回首蹲伏的猛虎，其头顶上方为沿着山岩受惊奔跑的双鹿，双鹿为一公一母，公鹿身披金黄色皮壳，母鹿通体光素无纹。另一面为立于枝头的鹰鸟。为典型秋山玉图式。

　　秋山玉未见出土物，传世作品与春水玉相比略少。其形式内容同春水玉一样有固定模式。一般为一虎（或母子二虎）一树一石；或以山石为背景，雕琢出虎鹿奔突场景；或在一片山林间琢刻出群鹿休憩觅食的画面；或是山石、柞树、鹿及骑马人物的组合。与场面惊险、紧张刺激甚至残忍的春水图玉相较，秋山玉更多的是表现秋日阳光下山林间一片静谧、安宁、祥和的气氛，和人在大自然中与动物、山石、树木和谐相处的平和景象。这也反映了北方游牧民族对大自然的崇敬与热爱。

秋山玉多见巧雕，充分利用原材料的红褐色玉皮来表现野兽毛皮的光泽、质感和秋日柞树枝叶的纹路与颜色变化，多采用浮雕、透雕技法，或用管钻镂空，使作品呈现出多层次变化，使之更富立体感和观赏性。

深度 结 识

山石与柞树几乎是每件秋山玉作品的必备元素。柞树系落叶乔木，种类较多，在我国尤其是北方地区为常见树种。柞叶可饲养柞蚕，秋季呈金黄色。山石的刻画非常逼真写实，有些较为精细的秋山图玉雕作品更是将石头表面处理的一丝不苟。金元时期的玉匠为何会如此喜爱雕琢石头呢？我们知道宋朝是经济与文化高度发达的时代。在文人士大夫中，赏石、玩石成为一时风尚。米癫拜石的典故讲的就是大画家米芾如何爱石到痴癫的故事。《水浒传》中也曾提到关于花石纲的内容。可见当时整个社会对石文化的崇尚与追捧。与宋朝多有交结的辽金元显然也受到了这一风尚的影响。出现在秋山玉中的山石景致，其凹凸有致的形象具有浓郁的江南太湖石的明显特征。

关 联 文 物

山石卧虎纹玉摆件　金元时期玉器。高6.8、宽5.9厘米。画面由三部分组成：一只健硕的老虎慵懒地卧于一颗柞树下，身后是一块打磨精细的太湖石。作品采用巧雕技法，利用玉石的自然皮色点染出虎皮、柞树与灵芝纹的精美色彩，浑然天成。中国国家博物馆藏。

　　金代是女真族建立的北方政权。同契丹人一样，女真族也为长期生活在我国北方的游牧民族，他们的许多生活习性与辽有共通之处。逐水草而居，随季节迁徙，以渔猎为其主要经济活动。1114年，女真族首领完颜阿骨打率领部族起兵反辽。一年后即皇帝位，建立"大金"国。只用十一年的时间就将辽灭亡。1127年金人攻入宋都汴梁，擒二帝灭北宋。与南宋划淮而治，对峙达百余年。这一百余年间，金人不断对南宋进行战争侵扰，掳掠南宋的匠人到北地为其服务。因此，金代的玉器从题材上有其鲜明的民族特色，但从工艺上看与宋玉并无甚区别，尤其是花卉、禽鸟题材的作品，其构图与碾琢方式惊人地一致。可见金人是一个极其善于学习的民族，他们在充分吸收和借鉴中原文化的基础上，又能结合本民族的生活习性，创造出突出本民族特色与时代特征的玉雕作品，春水、秋山玉即为其典型代表。

问 题 互 动

秋山玉有什么固定模式？

（撰稿：杜晓君）

元帝龙押——龙钮玉押

意趣点击

　　押为信符，作为个人信用符号用于公文、契约上所签的名字或代替签字的符号，在官文或契约等文书中使用，通常称为花押印，应为印章的一种。此件玉质花押印底座基本为扁方形，印体正面有凸起的阳文图记，背部雕龙形钮，龙体伏首拱背，前肢趴伏，后肢蹲坐。头上有角，长发后披，四肢粗壮，肘部饰火焰纹，三岐尾中之长岐上扬与龙发相接，两短岐盘于身侧。

龙钮玉押

元代玉器。长5.8、宽5、高4厘米。玉质青白、温润，有少许沁斑。故宫博物院藏。

深度 结识

史载押最早出现于五代，目前出土实物只见于元墓。押的使用在宋金元时期较为流行，为各阶层人士所普遍采用。制作押的材料较为多样，有木、象牙、水晶、玛瑙、玉、石材等。《宋史·职官志》中也有"凡批销必亲画押，不许用手记"的记载。宋元时期的传世花押印较为多见，图案神秘而奇异，颇具个性，具体含义不解。所谓"签字画押"，即源于此。唯其个性与奇异，才具有唯一性，不可模仿，才具有标识身份的作用。据史料记载，宋、元皇帝都有自己的花押印。古代凡是雕刻有龙纹的器物，多为帝王所使用。这件玉押为龙钮，根据形制和钮式推断，应为某位元朝皇帝所使用。

关联 文物

虎钮玉押　元代玉器。玉色青白，玉质温润，局部有少许褐色沁斑。边宽3.5、高2.7厘米。押体印面为正方形，押纹为剔地"阳文三勒"，简洁有力。印体侧面光素无纹。印钮为一四肢伏卧的幼虎，　背部为浅褐色留皮。应是一块青白色籽料雕琢而成。纹饰简洁，刀法粗犷，具有鲜明的时代特色。1956年安徽省安庆市元范文虎夫妇合葬墓出土。现藏安徽省博物馆。

　　元朝是马背上得天下的游牧民族建立的政权。立国初期其任用官员大多不识汉字更不会执笔写字。平日在写公文、批奏折时，常常由汉人根据其意代书，再通过翻译官转述给帝王，待帝王批示可否。又因口说无凭，需在奏折或行文上签字方可有效。这样，押就成为了替代官员签字的印章，同时也被带上了鲜明的统治民族烙印。元代陶宗仪《辍耕录》记："今蒙古、色目人之为官者，多不能执笔画押，例以象牙或以木刻而印之。宰辅及近侍官至一品者，得旨则用玉图书押字，非特赐不敢用。"据此可知元代官员用押甚多，多以象牙或木刻为之，身份等级较高者才可用玉押。

　　1956年，安徽省安庆市棋盘山发掘了一座元代合葬墓，墓主为元代尚书右丞范文虎夫妇。其中出土的一件虎钮玉押使我们对元代的用押制度有了一个直观的认识。据史料记载，狮纹多代表一、二品武官，虎纹次之，约为三、四品。范文虎是南宋旧臣，后降元，曾在忽必烈时期担任两浙大都督、中书右丞等职。其墓葬出土之虎钮玉押当为他生前常用之物，应为"特赐"。

问 题 互 动

"押"是什么意思？怎么由来的？

（撰稿：杜晓君）

渎山大玉海

元代玉器。高70、口径135～182、最大周长493、膛深55厘米，约重3500公斤。北京市北海公园团城承光殿前玉瓮亭藏。

意 趣 点 击

渎（dú）山大玉海又名玉瓮、玉钵（bō）。由一整块黑质白章的椭圆形大玉石精雕而成，玉料为青灰夹生黑斑色，产地南阳。器体呈椭圆形，玉瓮内部掏空。其雕琢装饰继承和发展了宋金以来的起凸手法，浮雕和线刻相结合，随形施艺：体外周身饰波涛汹涌的大海图案，下部以浮雕加阴线勾刻的手法表现旋卷的波浪，上部以阴刻曲线勾划漩涡作底纹；周身浮雕出没于海浪波涛中的龙、鹿、猪、马、犀、螺等不同动物和海兽，形体各异，神采飞扬。能够制作这么一个大玉海，反映了元代国势的强盛。

渎山大玉海的制作，继承和发展了中国琢玉工艺上"量材取料"和"因材施艺"的传统技巧，在俏色方面也有独到之处。制作既粗犷豪放，又细致典雅，动物造型兼具写实气质和浪漫色彩。有文章说，渎山大玉海是一件里程碑式的作品，它代表了元代玉作工艺的最高水平，也预示了明清时代又一个玉作高峰的到来。《国家人文历史》将渎山大玉海评为镇国玉器之首。

渎山大玉海是元世祖忽必烈在至元二年（1265）下令由大都皇家玉作制作的，于至元二年（1265）完工。元世祖忽必烈命置于元大都太液中的琼华岛广寒殿（今北京北海公园白塔，殿毁于明代后期）。明末移至紫禁城西华门外真武庙（明名御用监，后改名石钵寺）。至清乾隆帝命以千金购得，迁于今北京北海公园团城上的承光殿前，再配以汉白玉雕花石座作衬托。他又命四十名翰林学士各赋诗一首，刻于亭柱之上，并建亭保护至今。

渎山大玉海，在清代先后于乾隆十一、十三、十四、十八年四次对其加工剔刻，纹饰细部略有改动。膛内镌刻有弘历皇帝于乾隆十、十四、三十八年"御制"诗词及自序和自注，概述了玉海的递传情况。另外，明清两代的文人学士在其著述中也对其多有著录。它是中国现存的最早的特大型玉雕。其雕琢装饰继承和发展了宋金以来的起凸手法，随形施艺，俏色处，也颇具匠心。

知识链接

渎山大玉海的制作材料是南阳独山玉。

独山玉为中国四大名玉之一，因河南省南阳市北郊的"独山"而得名，又称"独玉"、"南阳玉"，是中国独有的玉种。独山玉质地坚韧致密、细腻柔润，色彩斑驳陆离，常常是由两种以上的颜色组成的多彩玉。颜色绿、白、红、黄、紫、蓝应有尽有，能分成九大类百余种，其多彩性是其他玉种所无法比拟的。

独玉不是翡翠，但高档独玉接近透明，翠绿色的硬度可与翡翠媲美；独玉不是羊脂白玉，但玉质凝腻柔嫩，丰腴可人，颇具白玉品质。也正因为如此，国人将其和新疆的和田玉、辽宁的岫岩玉、湖北的绿松石一起称为中国四大名玉。

从收藏实惠角度讲，独山玉比翠玉等其他玉种潜力大。因为市面上其他玉种因玉色变化不大，往往一批货可能有上百件都是一样的。独山玉则不同，就算是同样的雕件，因为独玉的玉质、颜色不同而不同，挑得好的话，每一件都可以说是世间仅有的唯一。尽管近年来独山玉的价格有了很大的提升，但还没有经过爆炒，存在着明显的升值空间，其升值指日可待。

问 题 互 动

南阳玉有什么特点？

（撰稿：屈罡）

腰系绦环——螭龙穿花纹玉绦环

螭龙穿花纹玉绦环

元代玉器。长径7.6、短径6.1、厚1.3厘米。白色
玉质，较莹润，有浅褐色土沁。陕西省西安市东郊田家
湾村出土。西安市文物保护考古所藏。

意 趣 点 击

　　此绦环椭圆形的环托上镂雕串枝芙蓉花叶，枝叶茂密，纵横交错。一圆头立耳
螭龙似在花丛中穿梭戏耍。头顶有一束柱状毛发披于颈后，两只圆耳直竖，粗眉上
扬，圆目隆鼻，细颈，前肢匍匐，后肢左伸右蹬，身体侧转呈"C"字形，长尾回
卷。肩部与关节处刻卷云纹。螭龙背脊刻以双阴线，颈部深刀力度极重，似有将其
切断之感，此为元玉典型用刀技法。芙蓉花叶采用浮雕法，叶脉以细密阴刻线表现，
生动逼真。环托一侧居中部分留有扁长穿孔，内侧边沿粗糙有明显磨痕，应为供带
钩穿用。由此可将此件玉佩定为玉绦环，通常与带钩配套使用。钱裕墓出土的"春
水图玉绦钩环"就是很好的佐证。

　　以往我们认为元代玉器的明显特征是用料不讲究，取材广泛。各类杂色玉多
见，做工较为粗犷。但此件玉绦环不但做工极其精致，所用玉材洁白温润几无杂
色，虽有土沁，难掩其洁白莹润本质。

深度 结 识

　　元代非常重视手工业，内廷设"将作监"，下设"玉作所"和"瓷局"，专门生产玉器、瓷器等工艺品供宫廷、贵族之用和分封赏赐。元代玉器在继承唐、辽遗韵的基础上，形成了自己的鲜明特征。题材广泛，有创新精神，帽顶、琵琶形玉带钩即为其创新品种。纹饰多样，常以花鸟、山林、人物、动物的自然形态入画，形象逼真。花卉图案尤其受到元人喜爱，牡丹、芍药、秋葵、凌霄花、灵芝等最为多见。其雕琢技法也一改唐玉花卉纹饰平面线雕的方法，而是用高浮雕及镂雕的方式来展现花叶阴阳向背、弯曲缠绕的形态，使花卉图案更为生动传神。连珠纹饰是元代玉器中较为常见的辅助纹饰，常用作玉带板、花鸟佩件的边框。镂空、深浮雕是其常用技法，刀法以深挖、深雕为主，力度大，多粗线条。钻孔和镂雕的边缘基本不做处理，给人以粗犷感，符合其民族个性。

关 联 文 物

　　花鸟纹玉佩　元代玉器。长径8、短径6.7厘米。玉质青白色。椭圆形环托扁平体，正面呈弧状微微凸起。以镂雕、透雕的工艺逐层雕琢出交错的花梗、盛开的凌霄花朵、卷曲的花叶、含苞的花蕾以及衔花的凤鸟。用细阴刻线表现花瓣的纹理、枝叶的脉络、凤鸟的羽毛，一丝不苟，栩栩如生，实为玉饰品中的精品。现藏首都博物馆。

　　春水玉钩环　元代玉器，长8.3、宽6.7、厚2.2厘米，青色玉质，局部有土沁。椭圆形环托，正面镂雕荷叶、水草、天鹅及鹘，为标准春水图玉式。钩与环可完整勾连在一起，出土文物仅见此一例，实为难得。江苏省无锡市钱裕墓出土。现藏无锡市博物馆。

问 题 互 动

　　春水玉有什么固定模式？

（撰稿：杜晓君）

苍龙教子——螭龙纹玉带钩

意 趣 点 击

　　带钩是古代贵族和文人武士用来扣接束腰革带的挂钩，在古籍中又称"犀比"、"犀毗"、"师比"、"胥纰"、"私纰"等。其作用相当于我们现在使用的皮带扣。这件玉质带钩为典型元代文物，龙首面部较平整，嘴部平齐微露齿，粗眉凸眼，目光平视向前。钩体为琵琶形，上浮雕一螭虎，宽额，口衔瑞草，毛发后飘，双肩上耸，前腿同时前伸，后腿一曲一伸，呈爬行状，与龙首四目相对，似在聆听长者教诲。此类造型被统称为"苍龙教子"。

深 度 结 识

　　玉质带钩是带钩家族的一个重要品类，数量大、品种多、流传时间长，贯穿了带钩的整个发展历程。依据目前的

螭龙纹玉带钩

　　元代玉器。长15.5、宽4.6厘米。玉质青白、细润，局部有少许黄沁。龙首为钩，钩身表面雕一螭虎，寓意"苍龙教子"。背部有一长方形钩钮。首都博物馆藏。

考古资料显示，最早的带钩出现在良渚文化遗址中，即浙江省余杭县反山墓出土的玉质带钩。玉质带钩的结构由三部分组成：钩首、钩体和钩钮，其基本形制侧视为"S"形。钩首一般以动物的头部来表现，有龙首、虎首、鸟首、鸭首、鹅首等，龙首尤为多见。钩体常见纹饰有云龙、云鹤、花卉、动物、人物、杂宝等。钩钮的形状有方形、长方形和圆形。玉质带钩主要以新疆和田白玉、青白玉为主，兼有南田玉、南阳玉、岫（xiù）岩玉等玉材。带钩除了主要用于钩系束腰带以外，还用于佩剑，还能钩挂镜囊、印章、刀削、钱币等杂物及珍贵的玉石饰品。

关联 文物

玉带钩　良渚文化玉器，长7.7、宽3.2、厚2.4厘米，青白色玉质，有浅灰色沁斑。浙江省余杭县反山墓出土。扁长方体，通体光素无纹，背部微呈弧度，有明显切割痕迹，一端有纵向对钻圆穿孔，可用于穿带连接，另一端向内弯曲折成钩头，与后世玉带钩的钩首弯曲方向相反。是目前已知出土年代最早的带钩之一，也是带钩的最初形态。　浙江省文物考古研究所藏。

知识 链接

古时的带钩使用材质较为广泛，有金、银、铜、铁、玉、水晶、玛瑙、绿松石、琉璃、象牙、犀角、骨、瓷、翡翠、碧玺等多种多样。带钩的制作工艺也极其复杂、考究，有铸造、锻造、焊接、模锻、鎏金鎏银、错金错银、包金包银、雕刻、镶嵌、彩绘等。通常一件精美的带钩，要用十几种材料，几十道工序，十几种工艺才能完成。带钩的使用方法可以从秦始皇兵马俑的装束上得窥一斑。秦俑的腰间浅浮雕一围

3～5厘米宽的腰带，带钩居右饰于腰带带头，腰带的带尾有2～4个带孔居左，使用时将带钩从左侧松紧合适的带尾孔中钩出。

商周时期的腰带多为丝帛所制的宽带，精美而华丽，与之匹配的带钩自然也十分精致考究。《淮南子》载："满堂之坐，视钩各异。"说明当时的带钩不仅是服饰上的实用品，也是重要的装饰品。虽然良渚文化时期、商周时期均有带钩出土，但带钩的大量使用始于战国。战国中晚期带钩的使用更加普遍，在各地墓葬出土的带钩中以青铜质地带钩最为多见。其造型纹饰、外形大小及所用材质亦多种多样，制作水平相当高超，多采用包金、贴金、错金银、镶嵌玉和绿松石等工艺，做工甚为精美。一只做工精致的带钩不仅体现出其自身的价值，也是主人身份的象征。

西汉是玉质带钩发展的鼎盛期，其造型和技法得到了进一步的发展和创新。这一时期的玉带钩选料讲究、工艺细致、刀法粗犷、简洁有力、规整洁净，带钩的钩面开始出现了浅浮雕螭螭、凤鸟等纹饰。其后很长一段时间玉带钩的制作进入衰落期，数量少，类型单调。虽偶有较为精美的玉带钩出土，造型与汉代近似。到了元明清三代，玉带钩的制作重新兴起，出土和传世作品数量骤增，造型优美，技艺高超，玲珑奇巧、颇有神韵。这表明此时玉带钩已由实用性逐步转向了玩赏性。这一时期玉带钩的造型多样，纹饰丰富多彩，并出现了高浮雕和立雕工艺。其中以龙螭纹相组合的龙带钩最具特色。

问题互动

"苍龙教子"的模式是什么样的？

（撰稿：杜晓君）

金盖托白玉碗原属明神宗万历帝定陵陪葬品，由玉碗、金碗盖、金托盘三部分组成。玉碗白玉制成，壁薄如纸，微呈青白色，圆形，敞口，弧腹，圈足，周身无饰纹。金盖直口卷沿，与玉碗扣合无缝，顶部饰一莲花形钮，连云纹圆钮座，钮中心嵌红宝石一块；沿上浅刻连云纹一周，盖面以镂空云纹为地；下层饰三龙赶珠，中层及上层各饰二龙赶珠纹。金托盘，沿边外卷，浅弧腹，平底，底部正中由外壁向内压出一圈足形碗托。盘腹内壁刻八组整齐的云纹图案，盘底为沙地，刻二龙赶珠及云纹，正中碗托内刻云纹，托外饰浮雕式连云纹一周。

金盖金托玉碗

　　明代玉器。碗高7、口径15.2、圈足径5.9厘米，重337.5克；盖高8.5、口径15.7厘米，重148克；托高1.6、口径20.3、底径16.7厘米，重325克。1958年北京定陵出土，北京定陵博物馆藏。

金玉良缘——金盖金托玉碗

深度结识

在我国玉器史上，向以"金镶玉"器为重宝。而今天所见的金玉合制器却少之又少，这件玉碗被认为是其中最为精美的一件。

金玉均为贵重材料，向来经济价值极高。加之玉碗出自帝陵，规格更高，工艺不凡，是我们研究明代宫廷生活和玉作工艺的第一手资料，其历史文化价值更不容忽视。玉碗材质名贵，造型别致，玉作工艺、金属工艺均可称巧夺天工。金盖及托盘纹饰满密，玉碗光素无纹，两相配合，金白相间，虚实相生，相得益彰，宫廷气息浓郁。玉碗形制依稀仿自唐宋瓷托盏，这表明一个上自皇帝、下至坊市的以玩古摹古为乐事的时代的到来。

知识链接

明十三陵是明朝自迁都北京后十三位故去皇帝的埋葬之处。十三座陵寝构成的皇陵建筑群均依山为陵，规模宏大、气势磅礴。明十三陵从明朝永乐七年（1409年）营建长陵始建，到清朝顺治初年营建思陵时止，筑陵时间长达二百余年。各陵名称以营建的顺序依次为长陵、献陵、景陵、裕陵、茂陵、泰陵、康陵、永陵、昭陵、定陵、庆陵、德陵、思陵。

定陵是万历皇帝朱翊钧和他的两位皇后的陵墓，位于北京市昌平县境内天寿山南麓。始建于1584年，到1590年建成，占地面积18万平方米。定陵主体建筑分地上、地下两部分构成。地上建筑由石桥、碑亭、宫门、陵恩门、陵恩殿、方城明楼和宝城等构成。地下建筑由五座互相通连的石结构拱形殿堂组成为玄宫（俗称"地下宫殿"）。明楼檐下石榜刻有"定陵"二字，四角及台阶都用巨石拼砌而成。明楼内石碑上刻有"大明"和"神宗显皇帝之陵"。明楼的正后部是陵墓的主体——地宫。

定陵地宫是目前十三陵中唯一被开发的地下宫殿，是新中国成立后第一座有计划发掘的帝王陵墓。定陵的地宫全部用石砌成，多为青石，面积为1195平方米。内无梁架，为石拱券，相当高大。地宫中有七座四吨重的汉白玉石门，设计巧妙，开闭灵活。地宫中又分为正殿、配殿、前殿，和地上建筑完全一样。中殿原状陈列着祭器，那里三个汉白玉石座，座前各有一套黄色琉璃五供和一个青花大瓷缸，缸中原来盛满长明灯灯油，供点长明灯用。后殿的棺床上停放着朱翊（yì）钧和两个皇后的棺木，棺旁放着装满陪葬品的26个红漆木箱。地宫共出土各类文物3000多件，其中有四件国宝：金冠、凤冠、夜明珠和明三彩。

定陵为全国重点文物保护单位。

明十三陵是指哪十三陵？

（撰稿：屈罡）

明
玉
炉
香
——
兽
形
玉
香
炉

兽形玉香炉

明代玉器。高17.8、口径5.6厘米。故宫博物院藏。

此香炉玉质青色，局部有深褐色斑沁及绺纹。独角、昂首、张口露齿、四足正立，前两足有羽翅，身上雕龙纹及卷云纹。兽头为盖，腹空，可贮香料，香味透过兽嘴向器外散发。

"日照香炉生紫烟"，唐代大诗人李白的《望庐山瀑布》千古流传，描写庐山香炉峰上，瀑布高挂，飞流奔腾，初日映照，紫烟氤氲（yīnyūn），展示了盛唐气象和时人对香炉的偏爱之情。香炉起源于何时，尚未有定论。在人们的生活习惯上认为香炉最大的功能，便是一件敬佛或是祭祖的礼器。其实香炉也是文人雅士的心爱之物，置于厅堂或摆于书房案头，读书时点上一炷清香，便有了"红袖添香夜读书"的美妙意境。

明清时期，各种佛事、祭奠活动都需要烧香，因此香具是极为常用的生活用具，兼具陈设与实用功能，香炉是将香插于炉中点燃让其燃烧的器皿，明清时期常以仿古青铜器鼎和簋的器形作为香炉使用。香薰的器壁及盖有镂孔，香烟或香气能从孔中散出。流行用来烧香的除了香炉、香薰，还有一种直筒式的香具，被称为香筒或香笼，其基本造型是细长的直筒，上下各有一个扁平的盖顶和承座，主体部分雕镂空花纹，以散发香烟，筒内有一枚小插管，用以插香。

知 识 链 接

宋应星《天工开物》介绍明代玉器说："凡玉初剖时，冶铁为圆盘，以盆水盛砂，足踏圆盘使转，添砂剖玉，遂忽划断。中国解玉砂，出顺天玉田与真定邢台两邑，其砂非出河中，有泉流出，精粹如面，藉以攻玉，永无耗折。既解之后，别施精巧工夫，得锁铁刀者，则为利器也（锁铁亦出西番哈密卫矿石中，剖之乃得）……凡镂刻绝细处，难施锥刃者，以蟾酥填画，而后锲之，物理制服，殆不可晓。"这里所说"足踏圆盘使转"，指镟车的使用，剖玉所添的"砂"，即解玉砂。所谓"锁铁刀"，可能是硬度很高的铊钻之类的工具。至于镂刻技法，文中虽无详细说明，但由此也可见明代琢玉之风的兴盛。

玉器皿一直是古代玉器中的重要一类，但在宋朝以前，由于琢玉器具过大，难于以制膛，玉器皿制作始终发展缓慢，数量很少，只在宋代出现过一些玉炉、玉尊。真正解决玉器皿制作问题的，还是在明代。由于镂刻技法的创新，玉器皿掏膛难度大为减少，生产得到了很大的发展，还创造出许多新的品种，数量比较多的有香炉、文具、盒匣和茶具。这些玉器皿，外形沿袭宋代玉雕传统，表现飞禽走兽、鱼鸟果瓜，但制作更形象、更生动，更有生活气息。

问 题 互 动

香炉有何作用？

（撰稿：张丽明）

玉
爵
万
寿
——
金
托
龙
纹
玉
爵

金托龙纹玉爵

明代玉器。高11.5、腹深5.8、长13.2、宽5.6厘米。1958年
北京定陵地宫出土。定陵博物馆藏。

意 趣 点 击

这件玉器由玉爵和金盘两部分组成。玉质白色显旧。器呈元宝形，深腹，国底，两蘑菇形柱，三柱足，一侧附透雕的龙形把手。爵流及尾的外壁各刻一正面的龙纹，龙的两前爪备托一字，流部为"万"字，尾部为"寿"字，爵体刻如意云纹。爵下有一金质托盘，中部为一树墩形柱，上有三孔，三爵足插于其中。盘及树墩均镶嵌有红、蓝宝石。这件爵虽然在器形上以青铜爵为蓝本，但加入了明代流行的因素，如镂雕的双螭耳。另外，加金托和嵌宝石工艺也是明代帝王所用玉器上经常使用的装饰方式，古雅华贵。

深 度 结 识

明清时期，仿古玉器得到很大的发展，逐渐成为玉器种类的主流之一。仿古玉模仿的对象最主要的就是古代的青铜器。如青铜鼎本是上古三代国之重器，数量很多，仿古玉中，鼎也是最重要的品类。仿古玉鼎一般器形厚重，玉质优良，雕工精湛。

玉爵（jué）为仿古玉的一个重要器形种类，是仿照古代青铜器爵的形制而制作的。在商周时期，青铜爵是一种酒具，同时又是一种礼器，具有"明上下，等贵贱"标志身份等级的作用。它的造型一般上大下小，口部呈向外大撇的椭圆形，前面有流，后面有尾，腹下为三个外撇的细长尖足。腹部雕刻云雷纹或夔龙、夔凤纹，有的还雕扉棱装饰。仿古玉爵也往往有类似纹饰，而且还融入了一些时代元素。

知 识 链 接

明十三陵是中国明朝皇帝的墓葬群，坐落在北京西北郊昌平区境内的燕山山麓的天寿山。这里自永乐七年（1409）五月始作长陵，到明朝最后一帝崇祯葬入思陵止，其间230多年，先后修建了十三座皇帝陵墓、七座妃子墓、一座太监墓。共埋葬了十三位皇帝、二十三位皇后、两位太子、三十余名妃嫔、一位太监。

有人要问，明朝十六帝，为什么叫十三陵呢？这要追述一下明朝的历史。明朝开国皇帝朱元璋，建都于南京，死后葬于南京钟山之阳称"明孝陵"。第二帝朱允炆（建文帝）因其叔父朱棣以"靖难"（为皇帝解除危难）为名发兵打到南京，建文帝不知所终。有人说出家当了和尚，总之是下落不明（这是一个悬案），所以没有陵墓。第七帝朱祁钰（yù），因其兄英宗皇帝被瓦剌所俘，宫中无主，在太后和大臣的旨意下即了帝位。后英宗被放回，在心腹党羽的策划下，搞了一场"夺门之变"，英宗复辟，又坐了皇帝。朱祁钰被害死，英宗不承认他是皇帝，将其在天寿山区域内修建的陵墓也给捣毁了。而以"王"的身份将他葬于北京西郊玉泉山。这样，明朝十六帝有两位葬在别处，一位下落不明，其余十三位都葬在天寿山，所以称"明十三陵"。

问 题 互 动

明有十六帝，为何北京只有十三陵？

（撰稿：张丽明）

嫡出子刚——子刚款夔凤纹玉卮

子刚款夔凤纹玉卮

明代仿古玉器。通高10.5、口径5.8厘米。1962年北京海淀区小西天黑舍里氏墓出土。首都博物馆藏。

意趣点击

　　此器玉质青白，莹润细腻，局部有黄色沁斑。圆筒形，由器身和器盖两部分组成。盖面呈弧形，正中有一圆钮，周围立雕卧狮、卧虎、辟邪，三兽之间用隐起和阴刻线碾琢出带有青铜器纹饰风格的三组牛首纹。器外壁满琢剔地阳起的夔凤纹和螭虎纹，内壁光滑。一侧镂空圆形把手，上琢凸起象鼻钮，把下有剔地阳文篆书"子刚"款。当（底）部以三个等距兽首为底足。工艺精湛，抛光极好，所用玉料应为新疆和田青白玉。器形古朴规整，为仿汉代酒器卮的造型。出土于北京师范大学黑舍里氏墓，是迄今为止唯一一件出土的"子刚"款玉器。

深 度 结 识

卮，是一种饮酒礼器，相当于我们现在使用的酒杯。此器始于西周，流行于秦汉。出土与传世品中，汉代玉卮最为多见。一般由器盖与卮体两部分组成。卮体呈圆筒状，常满饰涡纹、谷纹、云纹、夔龙、夔凤纹等。底部通常为三兽首足。卮身一侧有一圆形扳手。《汉书·高帝纪》曰："上奉玉卮为太上皇寿。"东汉应劭说："卮，饮酒礼器也。"汉代以后，酒卮少见，但仍没有绝迹，唐人颜师古说："卮，饮酒圆器也，今尚有之。"宋范成大《四时田园杂兴六十首》诗云："乾高寅缺筑牛宫，卮酒豚蹄酹土公。"看来，酒卮流行的时间很长，到唐宋时期仍有人使用。但是汉代以后的酒卮实物发现的很少，明代玉匠陆子刚的青玉酒卮酷似汉代的玉卮（樽），当是仿古之器。

关 联 文 物

勾连涡纹玉卮　西汉早期玉质容器，江苏省徐州市狮子山楚王墓出土，现藏徐州博物馆。通高11.6、器高9.9、口径6.7、底径6.1、盖径7.1厘米。半透明白色玉质，有褐色沁斑。　保存完整，由器与盖组成。器身为平沿圆筒形，上宽下窄，主体纹饰为勾连涡纹。口沿及近底足部分各饰云纹一周，器底有饕餮纹三足。盖有子母口，与器身相扣合。盖中部透雕柿蒂葵心纹。器与盖玉质相近，色泽略异，似非同一块玉料琢刻而成。雕工精细，造型生动。无环形扳耳，此为特例。

中国古代制玉史上，对现代制玉工艺最有影响的，当属明代制玉大师陆子岗。

陆子岗，也作子冈、子刚，太仓人。他是中国玉文化史上第一个坚持把自己的名字留在所有作品上的人，也是一个敢于大胆创新、改革传统玉石技艺的"艺术家"。

他制作对选料不很讲究，大多使用新疆青玉，有时也选用白玉。其风格一改宋朝的神秘、唯美，而使玉器贴近生活，更加实用。他所琢发簪、壶杯、香炉、尊、觥等，无不规整清雅。其立雕、镂雕、剔地阳纹、浅浮雕和阴阳刻纹等线条流畅，琢磨工细。现存其制作的水仙簪玲珑奇巧，水仙花茎细如毫发而不断。史载，陆子岗追求制玉："凡刻一新月，必上弦而偏右；刻一晓月，必下弦而偏左。"意思是新月的弦一定是朝左上方，残月（晓月）的弦一定是朝右下方，非常符合现代的科学道理。

更为个性的是，他所做的每一成品都要在不显眼处标上"子岗"二字，这在当时实属"大胆放肆"。最终，他也因自己的这个坚持而获罪。相传当时皇帝命他做一套玉壶，并严令其不得署名，但他还是在壶嘴儿内部精妙地隐藏了"子岗"二字。后遭人告发，被判"犯逆"罪处死。

明代程朱理学发展到极致，"万般皆下品，唯有读书高"，尊儒风气极浓。陆子岗却以其精湛技艺，使得一个"下贱"的工匠成为一个备受士大夫推崇敬重的角色。他制作的许多精美玉器，成为士大夫和收藏家的偏爱之物，一只簪的价格就高达五六十金。其中有不少传入宫中，成为帝王赏玩之物。

问 题 互 动

陆子刚有什么突出个性？

（撰稿：杜晓君）

磬（qìn）为古代的礼乐器，古属八章之石类，用美石或玉雕琢而成，悬挂于架上，以物击之而鸣。另外，佛寺中状如云板的鸣器和钵形的铜乐器也叫磬。自夏以来，磬一直是中国历代王朝宫廷礼乐的组成部分。同时，它从早期那种简朴粗糙的形制，逐步发展演变成为造型规整、琢磨精细、装饰华丽，音律更加完整齐全，组合也更加宏伟的大型礼器。时至今日，它的气势和壮美依然震撼着我们的心灵。

编磬一般以十六面为一组，它的音律除黄钟、大吕、太蔟、夹钟、姑洗、仲吕、蕤宾、林钟、夷则、南吕、无射、应钟等十二正律外，又加四个半音，演奏打击时，发出不同的音响。此玉磬玉质碧绿色，表面饰描金龙纹。背部有"无

描金龙纹玉磬

清代宫廷玉器。鼓长17.5、鼓博6.1、股长12.5、股博3厘米。故宫博物院藏。

神音礼乐——描金龙纹玉磬

射"二字，为编磬中的一件。这套清宫所藏编磬，为乾隆时所制，在重大典礼和演奏韶乐时使用。

宫廷的各种活动中，宫廷雅乐占有重要地位。丹陛大乐中，特磬与编磬是必不可少的乐器。同竹丝革匏及金属乐器相比，磬的声音清越悠远，独具一格。磬的形状为片状折尺形，尺寸不同而声色不同，使用时将其悬挂，敲击出声。可制磬的矿料很多，古来最崇石磬，清代还使用了灵璧石磬，音色皆小如和阗玉磬音色好。和阗（tián）玉磬是磬类打击乐中的珍品。

明代宫廷已有和阗玉磬使用，清代宫廷使用时将其改刻了年款，这批磬的尺寸较小，音量自然也小。乾隆二十七年始，清宫系统地进行了制造和阗玉特磬，编磬并用和阗玉磬取代灵璧石磬的活动。

清宫造办处档案记载，乾隆二十七年十月十一日造办处接得乐部行义一件，称先时"成造特磬所有御制磬铭，遵旨俟和阗玉送刮造成特磬再行镌刻，其款式另行行绘。"现时钦差送到玉石磬料40件，奉旨，乐部将特磬款式成造木样呈览，请旨，乾隆曰："知道了，照此样做。"十月二十六日，乐部又请旨将制造33面特磬之料发往苏州"精细制造"。

同以往的卡磬相比较，清代制造的玉磬大了许多。而土料尺寸则更大，乾隆三十六年："叶尔羌办事大臣其成额送到磬料青玉三块，内一块重四百斤，一块重三百四十斤，一块重一百六十斤……奉旨，此三块内一块重四百斤交如意馆，其二块做成太簇特磬二面以为圆明园，紫光阁二处乐器内换用。"太簇在特磬中还并非最大者，由其所用玉料之大可知清代玉磬之大。

　　我们发现在书本和电影、电视中清朝官员犯法，就要把顶戴花翎拿下，我们经常能听到的皇上说的那句"夺去顶戴花翎"，表示解除他的一切职务。

　　"顶戴花翎"即官员的帽顶，是清代官员的等级标志。清代改冠制，替以礼帽。礼帽分二种，一为暖帽，圆形，有一圈檐边，多用皮、呢、缎、布制成，多黑色，中有红色帽纬、帽子最高处有顶珠，其材料多以宝石制成，有红、蓝、白、金。按清礼仪，一品为红宝石，二品为珊瑚，三品为蓝宝石，四品用青金石，六品用砗磲，七品为素金，八品用阴纹镂花金，九品为阳纹镂花金。无顶珠者无官品；二为凉帽，无檐，喇叭式，初期扁而大，后期小而高，用藤、篾席，外裹绫罗，多为白色，也有湖色、黄色，上缀红缨顶珠。

　　顶珠之下，有一枝两寸长短的翎管，用白玉、翡翠或珐琅、花瓷制成，用以安插翎枝。翎有蓝翎、花翎之别。蓝翎是鹖羽制成，蓝色，羽长而无眼，较花翎等级为低。花翎是带有"目晕"的孔雀翎。"目晕"俗称为"眼"，在翎的尾端，有单眼、双眼、三眼之分，以翎眼多者为贵。

　　花翎在清朝是一种辨等威、昭品秩的标志，非一般官员所能戴用；其作用是昭明等级、赏赐军功，清代各帝都三令五申，既不能等越本分妄戴，又不能随意不戴，如有违反则严行参处；一般降职或革职留任的官员，仍可按其本任品级穿朝服，而被罚拔去花翎则是非同一般的严重处罚。

问 题 互 动

　　"顶戴花翎"有什么品秩区别？

（撰稿：张丽明）

文房奢华——白玉山石庭阁纹臂搁

意 趣 点 击

臂搁是古代文人用来搁放手臂的文案用具。除了能够防止墨迹沾在衣袖上外，垫着臂搁书写的时候，也会使腕部感到非常舒服，特别是抄写小字体时。因此，臂搁也称腕枕。臂搁的材质很多，有竹子、黄杨木、紫檀、紫砂、红木、象牙等材料，其中以竹雕的最为常见。竹臂搁一般都是用一节竹子剖开制成，长度一般不会超过一尺，宽度大约为七八厘米。

其实，臂搁并不像笔墨纸砚那样是文房中的必需品，不一定每位文人都备有臂搁。只有那些有情趣的、有经济能力的人才会使用它、收藏它。臂搁在文房用品中属于锦上添花，是文房用品中的奢侈品，一般多精美贵重。

此玉臂搁，器长条形，正面浮雕山石亭阁，松竹梅岁寒三友图案，工艺繁复，给人以强烈的层次感，背面微凹，仿

白玉山石庭阁纹臂搁

清。长19.9、宽5.5、高22厘米。中国国家博物馆藏。

佛劈开的一段竹子，并浮雕过枝竹纹。此器应为乾隆年间作品。嘉定、金陵两派竹刻，明末以来享誉士林，其中臂搁为竹刻主要品种，此件玉雕臂搁完全仿嘉定派竹雕臂搁，可见竹雕艺术影响之大。

深度结识

岁寒三友，指松、竹、梅三种植，因它们在寒冬时节仍可保持顽强的生命力而得名，是中国传统文化中高尚人格的象征，也借以比喻忠贞的友谊。松竹梅合成的岁寒三友图案是中国古代常用的装饰题材。

"岁寒三友"的由来，传说和北宋大文学家苏轼有关。北宋神宗元丰二年（1079），苏轼被贬至黄州，即今湖北黄冈。苏轼初到此地时，生活上又发生了困难，便向黄州府讨来了数十亩荒地开垦种植，借以改善生活。这块地，当地人唤作"东坡"，苏轼便自取别号为"东坡居士"。苏轼在东坡筑园围墙，造了房屋，取名"雪堂"，并在四壁都画上雪花；园子里，则遍植松、柏、竹、梅等。一年春天，黄州知州徐君猷来雪堂看望他，打趣道："你这房间起居睡卧，环顾侧看处处是雪。当真天寒飘雪时，人迹难至，不觉得太冷清吗？"苏轼手指院内花木，爽朗大笑："风泉两部乐，松竹三益友。"意为风声和泉声就是可解寂寞的两部乐章，枝叶常青的松柏、经冬不凋的竹子和傲霜开放的梅花，就是可伴冬寒的三位益友。徐君猷见苏东坡在逆境中能以"松、竹、梅"自勉，仍然保持凌霜傲雪的高尚情操，非常感慨，从此对他更加敬仰。

知识链接

从明朝中叶开始，竹雕艺术最为发达的东南地区，相继出现了一批技艺高超的竹刻艺术家，逐渐形成了嘉定派、金陵派、浙派等不同的流派，共同推动了竹刻艺术的发展，接下来主要为大家介绍一下朱鹤所创立的嘉定派。

被尊奉为嘉定竹刻创始人的朱鹤，字子鸣，号松邻，嘉定（今属上海）人。主要活动于明嘉靖至万历时期。他工诗善画，擅长摹印和雕镂。他以南宗画为正法，又揉合北宗笔法，创造了深刻法，为竹雕艺术开辟了新的道路。他认为竹刻如不进行透雕、深雕，就不成其为雕刻。当然在他的作品中也不是绝对没有浅浮雕制品，但大多是以透雕、深雕、高浮雕为主。他所制的竹簪和竹匜，世人极喜爱，得其作品者，往往直呼器物为"朱松邻"。

秉承家法，继朱鹤而起的是其子朱缨。朱缨，字清父，号小松，他自小多才多艺，广涉博为，工小篆及行草，画以气韵见胜，于竹刻造诣更深，以雕仙像最精，意旨精妙，刀法神爽。《竹人录》记载他"刻竹木为古仙佛像，鉴者比于吴道子所绘"。刀下皆"须眉欲动，各俱情态"。朱缨有子三人，均好竹刻，其中尤以三子稚征成就最高。朱稚征，号三松，主要活动于明万历至崇祯年间，陆扶照《南村随笔》称其"雕刻刀不苟下，兴至始为之，一器常历岁月乃成"。三松刻竹，刻法精雅，所制人物、臂搁、笔筒之类，得其神采，生动自然。在他们祖孙三代中，他的成就超越了其父祖。被誉为竹雕史上最杰出的雕竹名家，曾有"小松出而名掩松邻，三松出而名淹小松"之说。当时有人评价他们祖孙三代技艺的基本风格是："花鸟规抚徐熙写意，人物山水在马夏之间，画道以南宗为正法，刻竹多崇尚北宗。盖以刀代笔，惟简老朴茂，逸趣横生。"

朱氏三代开创的嘉定竹刻技法以及他们在竹刻上的辉煌成就，为嘉定派的竹刻工艺奠定了稳定的基础。由于他们的影响，嘉定竹刻由一门手工技术发展成为一门独特的手工艺术而闻名于世。嘉定城在明清两代也因之成为竹刻中心而被载入史册。

问 题 互 动

嘉定派竹刻艺术的代表人物有哪几位？

（撰稿：张丽明）

意趣 点击

　　此玉山子为白玉质，有黄褐色玉皮，取材于新疆和田白玉籽料，整体呈长方体式样。玉块双面施精工雕琢，玉山玉质精美，莹润如凝脂，它所反映的是美丽的江南庭院景致：上面是数轮圆筒瓦，微微下垂，庭院西侧垒筑瘦、漏、露、皱的太湖石，垒石周围树蕉丛生，繁密茂盛，一幅迷人的江南园林的安谧景象。中间部位雕琢出两扇微微打开的月亮门，月亮门上是一行瓦当，两侧则雕琢出桐荫、芭蕉叶、石桌凳、假山等庭院事物。以月亮门为界，把庭院分为前后两部分，洞门半掩，院外着袍的妙龄少女，手持灵芝，轻盈地向徐开的院门走去周围有假山、桐树；门内的长衣少女，手

浑然天成——白玉桐荫仕女图玉山子

白玉桐荫仕女图玉山子

　　清代陈设玉器。长25、高15.5、厚度近11厘米。雕成于乾隆三十八年（1773）。北京故宫博物院藏。

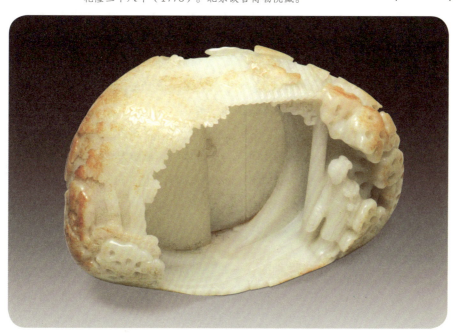

捧宝瓶，向门外走来，她与外面的女子从门缝中对视。二者身体前倾，相互对视，似在轻轻对话。庭院幽幽，人物传神，透过半掩半开的扉门，人们似乎可以听到两女子透过门缝的窃窃私语。这一切都通过细细的门缝，互为呼应，情景交融，把两个少女的心理活动刻画得生动传神，画面充满浑厚的生活气息。如此化腐朽为神奇的神来之笔，正符合"势者，乘利而为制也"（《文心雕龙·定势》）的美学法则。

深 度 结 识

"琼箫碧月唤朱雀，白玉参差凤凰声"，玉石是文人墨客的最爱，特别是那些有意境、有情趣的奇玉。在清乾隆时期，是我国琢玉工艺高度发展阶段，当时曾铸造出一批精妙绝伦的玉器。桐荫仕女图玉山子便是其中之一，这块意境悠远的玉石，本是整材雕成玉碗后废弃的既有裂痕又有橘黄色的玉皮子的废弃料，经苏州工匠吴某化拙为巧的鬼斧神工处理后，仿宫内油画《桐荫仕女图》，将裂痕巧妙处理成门缝，将橘黄色玉皮子琢成梧桐、蕉叶与覆瓦、垒石，竟将仕女的意境融于其中，赢得乾隆皇帝赏识。

作品底部平滑光洁，阴刻技法雕刻出了数行文字，即乾隆御制诗、文各一。诗云：

相材取碗料，就质琢图形。剩水残山境，桐檐蕉轴庭。

女郎相顾问，匠氏运心灵。义重无弃物，赢他泣楚廷。

末署"乾隆癸巳新秋御题"及"乾"、"隆"印各一。文曰："和阗（田）贡玉，规其中作碗，吴工就余材琢成是图。既无弃物，且仍完璞玉。御识。"末有"太璞"印。

桐荫仕女图玉山子的制作匠心独运，而又能丝毫不露匠气，处处浑然天成。纵观整件作品，雕工精细，题材新颖、立意静谧，诗情画意，堪称中国玉雕史上的扛鼎之作。

桐荫仕女图玉山子为陈设艺术品，以同名油画为蓝本设计图景。桐荫仕女图油画传为意大利那不勒斯传教士马国贤（1692~1745年）的中国弟子之作，可算作最早的一批。乾隆时期虽还是清朝闭关锁国时期，但是一些传教士的入华，带来了一些西方优秀文化，清廷之中的御用文人画工最先吸收，并运用到自己的创作活动中。乾隆年间也出现了专门为玉器制作而专门设计的画稿，尤其是西方油画艺术的介入，开拓了玉雕创作的选材范围，融入了独特的艺术视角，玉工在与文人画工的合作中，创作出了令人耳目一新的艺术作品，从而提升了玉雕作品的艺术品位。乾隆皇帝是我国历代封建帝王中最热衷玉雕作品的

帝王之一，具有很高的艺术鉴赏力，文学造诣也十分高深，是一位文人皇帝。桐荫仕女图玉山子，浅刻有两首乾隆皇帝御题诗文，由此可见一斑，这在其他封建朝代是绝无仅有的。在帝王的引领下，乾隆一朝玉器广为文人士大夫所喜爱，并延伸在民间。由此可见，文人参与，为中国玉雕艺术品位的提升做出了杰出的贡献。

 问 题 互 动

为何说桐荫仕女图玉山子匠心独具？设计有什么特点？

（撰稿：屈罡）

痕玉至美——玉花卉纹碗

意 趣 点 击

这件痕都斯坦玉花卉碗造形流畅，纹饰别致、胎体透薄，典型的痕都斯坦玉器风格，碗口微外撇，碗底为一朵盛开的花，采用平地隐起的浅浮雕工艺，在吹弹欲破的外胎上浅浅地雕出似中国传统的莲瓣，又似西域风格的西番莲或铁线莲的主题纹饰，碗沿下和近底部饰以对称叶纹，与整体的造型，纹饰浑然一体，写实而繁复，清雅又细致，是一件不可多得的痕都斯坦玉器珍品。

当您看到这件白玉里有黑点，被文物界称之为"墨玉"的精美绝伦的玉碗，是不是有点美得喘不过气的感觉？真真是"薄如纸更轻于铢"！

玉花卉纹碗

清代玉器。口径10.9、足径3.8、高4.6厘米，重72克。中国国家博物馆藏。

深 度 结 识

为什么将这件花卉碗称之为痕都斯坦玉碗？痕都斯坦是个地名，当时由莫卧儿帝国统治，其疆域包今日印度、巴基斯坦及阿富汗东部一带，地处昆嵩山西部支脉，盛产玉石，玉雕业发达，工艺精湛极富。痕都斯坦玉器就是伊斯兰玉器，主要特点是花纹精细，胎薄如纸。当地人相信玉做的食具透明晶莹，可以避毒，故一般多为实用的碗、杯、洗、盘、壶等饮食器皿，杂器类有瓶、罐、盒、文房用具、香炉等。

乾隆二十四年（1759），清军平定新疆回部贵族叛乱，将缴获的痕都斯坦玉器呈献给乾隆皇帝。乾隆皇帝见到这新奇独特的痕都斯坦玉，非常喜爱，按照藏语及回语发音，称之为"痕都斯坦"，先后赋诗作文赞誉它。在乾隆皇帝的大力推崇之下，当时在养心殿造办处设有如意馆，请能工巧匠专门仿制这种风格的玉器，并在工艺和造型做了很多改进，苏州等地也有仿制，被称"西番作"。这种伊斯兰回教特色痕都斯坦玉器越来越受世人的追捧，风头一时无俩。

纪晓岚《阅微草堂笔记》也有于痕都斯坦玉的记载："今琢玉之巧，以痕都斯坦为第一。"可见它在清代玉器史上有相当重要地位。乾隆盛世，经济极度繁荣，追求奢华，玉器用料不惜工本，图案化、规范化相辅相成。痕都斯坦玉器不仅对当时的玉器制作风格，甚至对晚清民国的家具雕刻风格、装饰纹样，都有着不估量的影响。

知 识 链 接

痕都斯坦玉器主要的风格特点是：

用料精良：痕都斯坦玉材多为南疆的和阗玉、玉质细密，质地温泽，透过光，可以看到里面有棉状或点状包裹体。痕都斯坦玉匠喜用纯色的玉材雕琢，即一器一色，尤多选用青玉、白玉或碧玉，这与中国传统玉器的爱留皮留色巧雕形成了鲜明的对比。

器型别致：痕都斯坦玉器的形制也比较特殊，常以写实的花形器皿构成。有的器物像一朵盛开的花或一片花叶，器柄处多雕成花苞或缠枝的茎叶，如葵瓣、莲花和缠枝纹极为常见。还有的则采用不同的兽耳或兽角作器物的造型，器物的耳足、耳柄也多呈对称性布局。器物底部和足或作花，或作花瓣，或呈叶形。

纹饰独特：最明显的特征就是体现在器物上纹饰有着明显的异域色彩。花叶纹是痕都斯坦玉器的主流纹饰，花草以莨、苕、莲为主。"莨"即野葛；"苕"即"苇花"，也称"凌霄"、"紫葳"；这里的"莲"是陆生的西番莲与铁线莲。组合花中常见的是菊花，另外还有葵花、折枝花等，其次还有蕉叶、凤尾草、狗尾草等。这些都是当地特有的植物品种。图案以花苞、花朵、花叶相对组合，有的构成层花叠叶，讲究对称布局，显示出枝繁叶茂、繁花似锦的景象。

工艺精湛：乾隆皇帝曾咏诗"细如发毛理，浑无斧凿痕"。痕都斯坦玉器不仅利用多层次的浅浮雕捕捉大自然的奇妙景象，而且为了加强装饰效果，常采用五颜六色的镶嵌来营造华丽高贵的美感气氛。

问 题 互 动

痕都斯坦玉有什么特点？

（撰稿：陈晓宜）

这件用上等的羊脂白玉籽料精雕细琢的螳螂佩件，为乾隆年间皇家用玉。以和田籽料为材，玉质莹洁透亮。所雕一只硕目长身的螳螂，伸臂蹬足伏于叶子之上，作昂首企盼状。其画龙点睛之处是利用了两个黑色瑕疵作为螳螂的双眼——俏色巧妙，活灵活现，可谓匠心独具！几朵灵芝披覆于背项，造型别致，玲珑小巧。螳螂细足纤臂之间皆镂空雕法，表面以透雕加长短阴刻线刻饰螳螂的背腹，花叶翻卷自然，叶脉清晰，灵芝朵瓣丰润，整器精雕细刻，工艺纯熟复杂令人叹为观止。整体纹饰线条流畅，抛光上佳，却丝毫不感觉有人工匠气，乃玉饰之佳作，传世之经典！

白玉巧作螳螂佩

清代装饰玉器。长5.6、宽3.6厘米，重1221克。中国国家博物馆藏。

传世御制——白玉巧作螳螂佩

中国的玉器经过上万年的发展和历史的洗礼，至清朝乾隆时期达到顶峰。由于西部平定，新疆优质和田玉源源不断地输入中原，材料十分充足。自古以来，人们赋予玉的种种美好观念，上至九五之尊，下到平民百姓更加爱玉，珍玉，玩玉之风日炽，除了佩玉之外，王孙贵族，文人豪客们为了显示自己的高雅情趣，常在案头摆几件玉质把件或文房，怡情养性，因此，清朝时期，出现大量的玩赏玉，大到上吨的玉山，小到螳螂佩这样的佩件包罗万象，应有尽有。玉器的制作出现了前所未有的繁荣景象，创造了具有鲜明的时代特征，高不可及的艺术巅峰。我们耳目能详的"乾隆工"，从字面上理解，就是乾隆时期玉器的工艺，是极富有时代特色而成为一种固定名词的称谓。"乾隆工"的特色是在用料和制作上不计成本，在工艺上精益求精、尽善尽美的代名词，善用俏色巧雕，化腐朽为神奇，也代表皇家御制最高等级的工艺特色。

知 识 链 接

螳臂当车的成语故事来自春秋时代的一个历史传说。最早出现在《庄子·人间世》："汝不知夫螳螂乎？怒其臂以当车辙，不知其不胜任也！"另外，《庄子·天地》也有"犹螳螂之怒臂以当车辙，则必不胜任矣"这样的话。

相传，春秋时，齐国的国君齐庄公，有一次坐着车子出去打猎，忽见路旁有一只小小的虫子，伸出两条臂膀似的前腿，要想来阻挡前进中的车轮。庄公问驾车的人："这是一只什么虫子？"驾车的人笑答道："这是一只螳螂，它见车子来了，不知赶快退避，却还要来阻挡，真是不自量力！"庄公笑道："好一个出色的勇士，我们别伤害它吧！"说着，就叫驾车的人车子靠边，让开它，从路旁走过去。这件事情，很快就传开了。人们都说庄公敬爱勇士，慈悲为怀，便有好多勇士，纷纷投奔他而来。可见，原话这个的"螳臂当车"都并无贬义，后来，作为一句成语却不是比喻出色的勇士，一般都把它比作不自量力、冒充英雄和妄图抗拒某种强大力量的可笑人物。

螳螂玉佩令人想起成语"螳臂当车"，世人多以为"螳臂当车，怒其臂以当车辙，不知其不胜任也"——自不量力。其实不然，"螳臂当车，知进而不知却"，看似疯狂可笑，明知不可为而为之，其勇气可嘉！这跟中国古人赋予玉的五德是不期而遇的：美玉虽温润如脂，其坚如铁。诗云："言念君子，其温如玉。"中国文人，虽穷且困，常养浩然之气，其心志不可夺——有道"宁以玉碎，不为瓦全"；令人想起屈原，文天祥和狼牙山五壮士等哲人先烈，不惜以卵击石，以死谏世，以身殉国换来世间的一片清明，是这些铮铮的铁骨支撑起华夏民族的千年的精神脊梁！

问 题 互 动

您知道螳臂当车的故事么？

（撰稿：陈晓宜）

玉意呈祥——白玉刘海戏蟾佩

意趣 点击

　　刘海与三足金蟾是明清以来广受人民群众喜爱的艺术形象之一。 这件刘海戏金蟾佩为新疆和田仔玉雕制，玉质滋润莹亮，局部带糖色，包浆圆润。整器圆雕而成，并用镂雕穿孔，以阴刻线，浅浮雕的手法刻划出一个俏皮可爱，憨态可掬的童子造型——刘海。童子发髻斜坠，头大额圆，右手提钱串的绳子，左手扶着铜钱，促狎地望着伏俯于脚下的金蟾，三足金蟾俯匐于两足之间，小巧可爱，更添趣味。整件器物玉料精良，人物刻划惟妙惟肖，表情生动，构思巧妙，给人以喜庆谐诙之感。该器是一件清代精美的玉佩，充分体

白玉刘海戏蟾佩

清代装饰玉器。宽2.7、高5.3厘米。重29克。中国国家博物馆藏。

现人们丰富的想象力，对生活的美好向往，以及对钱财的喜爱又调侃之轻松心情。

这件美玉是不是令你如沐清风，浮华退尽？食尽人间烟火的传说，令苦涩的现实好像猛然升腾起来，世间功利得失的难题不再有绝对性，甚至有和谐共生之妙，让人觉得谈钱并不是件俗不可耐的事。在青灯孤影里，莹润如脂，生动有趣的刘海金蟾会不会让你不禁莞尔？面对脱尘忘俗的童颜，谁还顾那红尘嚣张？

深度 结 识

童子题材是中国文化艺术中广泛应用的体裁之一，特别是宋代，在玉器、瓷器，绘画，在各种艺术雕刻中反复出现。多为吉祥图案，表现出太平盛世，普天同乐，童子又象征了多子多福、子孙绵延等美好寓意。 是中国玉文化从礼玉走进世俗化的重要标志之一。明清玉器沿袭古韵，纹饰更加丰富，多为吉祥图案，并且多以佛教、道教里的佛祖，神仙和民间传说的故事为主，题材更加广泛，延续宋代对童子的喜爱，计有"一鹭青莲"，"麒麟送子"，"善财童子"，"五子登科"和"刘海戏金蟾"等都是明清时期常见题材。

知 识 链 接

刘海，名操，字宗成，道号海蟾子，是五代广阳人，即现今北京人，著名道教祖师，全真五祖之一，称广阳刘真人。另一说刘海蟾名哲，或喆，字玄英，或元英，后梁燕国广陵人（今河南息县人）。为道教全真五祖之一，"海蟾派"始祖。元世祖忽必烈封为"海蟾明悟弘道真君",元武帝封为"帝君"。

相传刘海出身官宦之家,少年好学,平步青云,仕途坦荡,曾官拜卢龙节度使司马;桀燕帝刘守光称帝后,拜为宰相,刘海宅心仁厚,体恤民情,而桀燕帝无道,君臣失和,颇为失意。后来偶遇八仙之一的钟离权,经钟离权的点化,刘海自知功名难恃,大祸将至,便弃官入山修道,入山时遇吕洞宾,即拜为师,道号海蟾子,到华山隐居,又入代州凤凰山,于终南山潜心修炼。刘海著有《还金篇》,《黄帝阴符经集解》。

刘海还有长生不老,返老还童之术,刘海的艺术形象多为少年形貌,相传刘海喜欢把头发梳到额头齐眉,因此自成一格,后来人们便把这种发型称之为"刘海"。

刘海金蟾的故事在民间广为流传,因为"刘海蟾"三字的误传,民间把"刘海"二字独立出来,成了"刘海戏金蟾",传说得道的刘海以一串金钱收伏了千年的金蟾,而传说中的蟾蜍名叫"金蟾"能吐金钱,刘海走到哪,就把钱撒到哪,周济穷人,有"刘海戏金蟾,一步一吐钱",因此,刘海被神话为"财神"。

问题 互动

古玉中常见的童子题材有哪些?

(撰稿:陈晓宜)

"大禹治水图"玉山

清代中期玉器。高224、宽96、座高60厘米，重5350千克。错金底座高60厘米。故宫博物院藏。

意趣 点 击

这件举世罕见的玉雕是中国玉器史上用料最宏，运路最长，花时最久，费用最昂，雕琢最精，器形最巨，气魄最大的玉雕工艺品，也是世界上最大的玉雕之一，现存于故宫博物院乐寿堂。

　　该器置于一个嵌金丝褐色铜铸座上，是用呈青白二色的密勒塔山和田玉雕成，青白玉的晶莹光泽与雕琢古朴的青褐色铜座相配，显得雍容华贵，互映生辉。整个玉山高耸如峰，峭壁峥嵘，瀑布急涌，古木参天，成群结队的劳动者在在山崖峭壁上开山治水，气势十分恢弘。

　　大禹治水的题材取自我国上古传说，当时整个中华大地洪水泛滥，大禹率领民众，与自然灾害中的洪水斗争，面对滔滔洪水，大禹从鲧治水的失败中汲取教训，变"堵"为"疏"长年在外与民众一起奋战，"三过家门而不入"。因治水成功，大禹成了民众心目中的英雄，也成为禅让制的最后一位部落首领联盟，从大禹的儿子启手里开始，禅让制就变成了继承制。

　　这件反映大禹治水的巨型玉雕为什么叫玉山呢？山子在宋代就有，宋徽宗调集花石纲建造艮岳就造了很多假山，也叫山子。所谓玉山子，就是以玉石雕琢成自然山水的微型假山。玉山子是一种陈列摆设品，这种创作完全摆脱了实用器的框架，纯粹成为满足视觉观赏效果的艺术品，因为同传统玉器相比个头明显增大，因此题材和内容就可以十分丰富，一个玉山子上可以有人物、山水、楼阁、动物等，而且层次分明，形态各异。玉山子从元代就有，比如著名的渎山大玉海，但那是孤品，并不多见，而整个明代由于缺乏对新疆地区的有效控制，满足不了制作大型玉雕的玉料需求，因此鲜有玉山存世。到了清代乾隆年间，清政府平定了准噶尔回部，打通了和田供玉的通道，玉料源源不断地运往京师，可供玉器制作的玉料空前充足，而且难得的是有巨型玉料可供雕琢。乾隆皇帝本人以爱玉藏玉著称，堪称当时最大的玉器收藏家，他不但痴迷于玉器收藏，还经常亲自过问和指导宫廷玉器制作，督导大型玉雕的琢制工程。在继承历朝历代玉器制作工艺的基础上，乾隆年间的玉器制作工艺也越来越成熟和完善。正是这些条件的具备，才使得大禹治水图玉山这件空前绝后的旷世杰作得以问世。

知 识 链 接

清代黎谦所作的《翁玉行》和魏源所作的《圣武记》中都记载了巨型玉料从开采到运输的艰辛。在海拔近5000米的高山上，往往是两三千人同时作业，采下巨型玉料后，要趁寒冬时节往道路上泼水成冰，前面有100多匹马拉，后面有上千人把扶推移，每天只能走五六里或七八里，一万一千里的路程至少要走三年。玉料送到北京内务府造办处后，乾隆皇帝面对这么大一块玉料，决定要雕琢一个宏大的题材，于是决定选用宫中所藏宋人画的《大禹治水图》为蓝本，目的是通过颂扬大禹治水的功绩，表白自己师法古代圣王之心，博取明君的声名，并以此显示国力的强盛。于是，这个中国工艺美术史上最为浩大的工程之一开始了，首先是设计玉山的纹样，并画出正、背、左、右四面的图纸，随后根据图纸制出蜡样，乾隆帝满意后，这块重达数吨的玉料又开始了新的旅程——从北京到扬州。好在当时从北京到扬州有水路可走，比在陆地上运输方便了许多。玉料运到扬州后，由于当地天气炎热，怕蜡样时间长了融化掉，又制作了一个木样，等一切准备工作完成，才正式在玉料上雕刻，整整用了6年时间才算完工。运回北京的玉山到底陈设在哪里，

乾隆皇帝还费了一番脑筋，一开始拟定放在乾清宫西暖阁、宁寿宫东暖阁、颐和轩西次间等五处，反复比较后才决定放在乾隆皇帝当太上皇的居住地之一——乐寿堂，还为玉山配上了嵌金丝的山形褐色铜铸底座。等安置好了，事情还没完，乾隆皇帝命令造办处的工匠将他的亲笔题字"密勒塔山玉大禹治水图"和专为此玉山作的御制诗刻在了山北面，又

将他的两方印章"五福五代堂古稀天子宝"和"八徵（zhì）耄（mào）念之宝"的印文刻在了玉山前后适当位置，这又花了近一年的时间。到乾隆五十二年（1787），历时八年之久的大禹治水图玉山总算大功告成，这还不包括它从开采运到北京的时间。整个玉山制作花了多少钱呢？一万五千余两白银，这在当时是一个天文数字，也只有乾隆皇帝花得起。从玉山问世到今天已经200多年过去了，玉山当年的主人乾隆皇帝早已作古，他借玉山想标榜的乾隆盛世也早已成为历史，只有这件凝结了千百玉师心血的稀世之宝还静静地矗立在故宫乐寿堂，从来没有挪过地方。

 问 题 互 动

什么是玉山子？

（撰稿：屈罡）